实用汉语分级阅读丛书

乙级读本
中国事

中国人喜欢跳舞

Chinese People Like to Dance

崔永华　总主编

王瑞烽　编

Printed in China

孔子学院总部赠送

Donated by Confucius Institute Headquarters

北京语言大学出版社

BEIJING LANGUAGE AND CULTURE
UNIVERSITY PRESS

书是人们最知心的朋友，
现在如此，将来也永远如此。

**A good book is the best of friends,
the same today and for ever.**

致读者

"我知道的词汇太少了，我肯定不能读课本以外的汉语文章！"

"汉字太难了，读汉语的文章，根本不可能！"

嘿，朋友！你学习汉语多长时间了？你是不是也有过上面的那些想法？是不是偶尔也会失去信心？

是啊，汉字太难、生词太多，想要了解中国，想要看看用中文写的有趣故事，可是，手里除了上课的教材，哪里才能找到一本合适的书呢？

先说说你理想中的阅读书是什么样子的吧。

"不要那些不自然的句子，不要总是讲学校里的吃饭、上课，不要太多的练习，我只想放松一下，在等车等地铁的时候也可以看；我不想从头看到尾，我只挑自己感兴趣的看……"

"要简单，要轻松，要让我微笑，要让我了解中国的方方面面、点点滴滴，要适合我每个阶段的汉语水平，要让我在不知不觉中熟悉汉字、增加词汇……"

如果你的要求是这些，那么，看看这套书吧！简短的文章、有趣的话题、活泼的版式、生动的图片，让你看看中国人的生活、情感、烦恼，让你看看其他留学生的有趣经历，让你知道其他外国人眼中的中国——他们是不是写出了你心中想说而说不出来的话？

这套书，有拼音，可以帮助你朗读；有英文、韩文、日文的生词注释，可以帮助你流畅地阅读；有"阅读提示"，告诉你这篇文章要写些什么，有"你看懂了吗"，自问自答，让你自己考自己；有"我来写两句"，你可以把自己生活中的事情也写下来，编一本只属于你一个人的汉语书。

你会喜欢这样的书吗？

To Readers

"I don't know many words, so surely I can't read any other Chinese articles except the ones in the textbook!"

"Chinese characters are too difficult! It's quite out of the question to read a Chinese article!"

Hi, guys! How long have you learned Chinese language? Did you ever think in this way? Did you lose your heart once in a while?

Yes, you may have encountered too difficult Chinese characters and an overwhelming number of new words. If you want to learn China and read interesting stories written in Chinese, where is the right book besides the textbook in hand?

Please tell us first what your ideal book is.

"I don't want to read these unnatural sentences, neither do I want to read things always about having lunch or having a class at school. There are not many exercises in the book. I only want to relax and read this book while waiting for the bus or waiting for the subway. I don't want to read this book from the beginning to the end, either. Instead, I just want to sort out things that I am interested in..."

"It must be simple and easy. It will make me smile and help me understand all the aspects and every detail of China. It will suit my study of Chinese in every phase and make me familiar with Chinese characters and enlarge my vocabulary even before I notice it..."

If these are what you want, then, take a look at this series! The simple articles, interesting topics and lively format will guide you into the life, feelings and worries of Chinese people. You will know the interesting experiences of foreign students studying in China, and also see China through foreigners' eyes — Haven't they written something that is in your mind but hard to express?

Pinyin in this series helps you read aloud. The new words are annotated in English, Korean and Japanese, so that you can read the book fluently; the "Reading Tips" tells you what an article is about. The part "Have you understood it?" gives you a chance to test yourself. You can also write down things that happened in your life in "I have a few words to write" and work out a Chinese book of your own.

Will you like such a book?

책을 펴내며

"나는 아는 단어가 너무 없어서 교과서에 나오는 문장 외에 다른 중국어 문장은 읽지도 못할 거야!"

"한자가 너무 어려워서 중국어로 된 문장을 읽을 수가 없어!"

여러분! 중국어 공부하신 지 얼마나 됐나요? 이런 생각들을 해본 적이 있나요? 가끔 자신감을 잃을 때도 있나요?

그래요, 한자는 너무 어렵고, 모르는 단어도 너무 많죠. 중국을 이해하고 싶고, 중국어로 된 재미있는 이야기도 읽고 싶은데, 교과서 외에 어디에서 그런 책을 구할 수 있을까요?

먼저 여러분이 생각하는 이상적인 독해 교재에 대해 말해 보세요.

"자연스럽지 못한 문장, 학교에서 밥 먹고 수업하는 그런 얘기, 너무 많은 연습문제들은 필요 없다고요? 그저 가볍게 버스나 지하철을 기다리면서도 볼 수 있고, 보고 싶은 부분만 골라서도 볼 수 있는 …"

"간단하고, 가볍고, 읽으면서도 살짝 미소 지을 수 있고, 중국을 이해할 수 있고, 내 수준에 맞고, 자연스럽게 한자를 익히고 어휘를 늘릴 수 있는 …"

만약 여러분이 원하는 것이 이런 것들이라면, 이 책을 보세요! 간결한 문장, 재미있는 주제, 보기 편한 구성, 생동감 있는 그림이 여러분에게 중국인의 생활, 감정과 고민을 비롯하여 유학생들의 재미있었던 경험, 외국인들의 눈에 비친 중국을 보여주고 알게 해 줄 것입니다 —그들이 이미 여러분이 말하고 싶었지만 표현해내지 못했던 마음 속 생각들을 써놓지는 않았나요?

이 책은 발음이 표기되어 있어 낭독에 도움이 되고, 영어, 한국어, 일본어 단어 주석이 있어 쉽게 읽을 수 있습니다. "阅读提示"를 통해 문장이 말하려고 하는 내용이 무엇인지를 알 수 있고, "你看懂了吗"를 통해 스스로를 테스트할 수 있으며, "我来写两句"를 통해 생활에서 겪었던 일을 직접 씀으로써 자신만의 중국어 책을 만들 수 있도록 구성하였습니다.

어때요? 이런 책 마음에 드시나요?

読者の皆さんへ

"私は知ってる語彙が少ないから、教科書以外の本なんて絶対読めないよ！"

"漢字ってとっても難しい、中国語の文章なんて読めっこないよ！"

ちょっとそこのあなた！中国語勉強してどのくらいになりますか？ひょっとして今みたいに考えてるんじゃないですか？時々自信失くしちゃうことないですか？

そう、確かに漢字は難しいし、覚えなきゃいけない単語も多いですよね。中国のことを理解し、中国語の面白い文章を読んでみたい、でも今持っている授業の教材以外に、どうやって自分にぴったりの本を探せばいいのでしょう？

では、まずあなたの中の理想のリーディング教科書とはどんなものか考えて見てください。"

"不自然な文があったり、学校の中の食事や授業についての内容ばかりは困る、練習問題は少なめで、リラックスした状態で、バスを待ってるときや電車の中での時間を利用して読めたら；最初から最後まで読みたくない、興味のある内容だけ選んで読みたい…。"

"簡単で、堅苦しくなく、クスっと笑えて、中国の色んなことについて教えてくれる。少しずつゆっくりと進み、学習者それぞれの中国語レベルに合わせてくれ、知らず知らずのうちに漢字に親しめ、単語を覚えられる…。"

あなたがもしこんな風に考えているなら、この本を手にとってみてください！読みやすい文章、陽気なトピック、アクティブな構成、生き生きとした挿絵。あなたに中国人の生活、感じ方、悩みなどを教えてくれます。そして、他の留学生の経験した面白おかしい体験をお届けします；他の外国人が中国人をどのようにとらえているのか──彼らはひょっとしたら、あなたの中の言いたかったけどうまく言えなかった考えを代弁してくれるかもしれません。

このシリーズは本文にピンインがついており、朗読するときに便利です；新出単語には英語と韓国語と日本語訳がついており、スムーズに読み進むことができます。"閲読提示"では文章の要点をつかむことができます；"你看懂了吗"では自分自身で内容を読みとれたかどうか問いかけてもらう目的があります；"我来写两句"のコーナーでは自分の体験をテーマに沿って書いてみてください、そうすることで自分だけの本をつくれると思います。

こんな一冊、あなたに気に入っていただけるでしょうか？

目 录

1

Shèngdàn Jié Zài Zhōngguó Liúxíng

圣诞节在中国流行

Christmas

to be prevalent, to be popular

[Měiguó]
[美国] Elizabeth Davnie

Níng Méng yì
宁 蒙 译

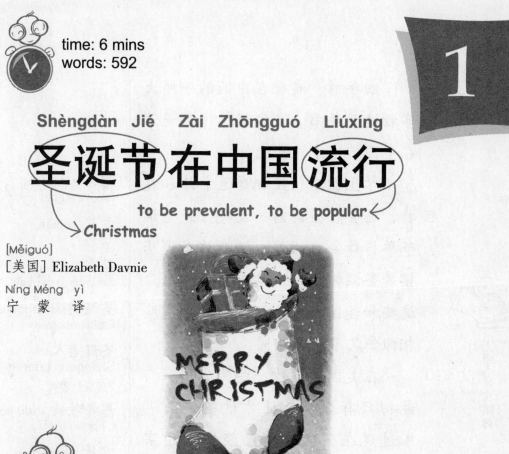

Yuèdú Tíshì:
阅读提示：

在你们国家，一般怎样过圣诞节？现在越来越多的中国年轻人也开始过圣诞节了，他们为什么要过这个外国的节日呢？是因为中国的节日太少，还是另有原因呢？看了下面的文章，你就知道了。

Zài nǐmen guójiā, yìbān zěnyàng guò Shèngdàn Jié? Xiànzài yuè lái yuè duō de Zhōngguó niánqīng rén yě kāishǐ guò Shèngdàn Jié le, tāmen wèi shénme yào guò zhège wàiguó de jiérì ne? Shì yīnwèi Zhōngguó de jiérì tài shǎo, háishi lìng yǒu yuányīn ne? Kànle xiàmian de wénzhāng, nǐ jiù zhīdao le.

四年前，我曾在中国的一所大学教过两年书。我发现，过圣诞节在中国学生中非常流行。

学生们不仅互相赠送卡片和礼
5 物，还会在圣诞前一天晚上或圣诞节举行舞会。此外，还有许多商店摆着圣诞树，门口站着圣诞老人。这些和美国人过圣诞节的方式有些相似但又不完全相同。

10 在美国和其他一些西方国家，最初只有基督教徒才过圣诞节。不过现在，圣诞节已经变成了宗教和传统文化的混合体。在圣诞节期间，人们不仅会像过去一样去教
15 堂并互相赠送礼物，还会摆上圣诞树，在壁炉边挂起长袜，等待圣诞老人的礼物。

与中国年轻人的过节方式不同的是，西方国家的圣诞节并没有大

中国人喜欢跳舞

赠送 zèngsòng
to give sth. as a present

卡片 kǎpiàn
card

舞会 wǔhuì
dancing party, ball

圣诞树 shèngdànshù
Christmas tree

圣诞老人
Shèngdàn Lǎorén
Santa Claus

基督教徒 Jīdū jiàotú
Christian

宗教 zōngjiào
religion

混合体 hùnhétǐ
mixture

教堂 jiàotáng
church, cathedral

壁炉 bìlú
fireplace

长袜 cháng wà
stocking

Sì nián qián, wǒ céng zài Zhōngguó de yì suǒ dàxué jiāoguo liǎng nián shū. Wǒ fāxiàn, guò Shèngdàn Jié zài Zhōngguó xuésheng zhōng fēicháng liúxíng.

Xuéshengmen bùjǐn hùxiāng zèngsòng kǎpiàn hé lǐwù, hái huì zài Shèngdàn qián yì tiān wǎnshang huò Shèngdàn Jié jǔxíng wǔhuì. Cǐwài, hái yǒu xǔduō shāngdiàn bǎizhe shèngdànshù, ménkǒu zhànzhe Shèngdàn Lǎorén. Zhèxiē hé Měiguórén guò Shèngdàn Jié de fāngshì yǒuxiē xiāngsì dàn yòu bù wánquán xiāngtóng.

Zài Měiguó hé qítā yìxiē Xīfāng guójiā, zuìchū zhǐ yǒu Jīdū jiàotú cái guò Shèngdàn Jié. Búguò xiànzài, Shèngdàn Jié yǐjīng biànchéngle zōngjiào hé chuántǒng wénhuà de hùnhétǐ. Zài Shèngdàn Jié qījiān, rénmen bùjǐn huì xiàng guòqù yíyàng qù jiàotáng bìng hùxiāng zèngsòng lǐwù, hái huì bǎishang shèngdànshù, zài bìlú biān guàqi cháng wà, děngdài Shèngdàn Lǎorén de lǐwù.

Yǔ Zhōngguó niánqīng rén de guòjié fāngshì bù tóng de shì, Xīfāng guójiā de Shèngdàn Jié bìng méiyǒu

型舞会，因为在西方传统里，圣诞
节是一个与家人团圆的日子，就像
中国的春节一样。一家人会聚在一
起，吃一顿大餐，在圣诞树下拆开
礼物，然后一起去教堂。

现在中国人过的西方节日不
仅有圣诞节，还包括情人节、感恩
节，等等，但是，中国的年轻人都
将这些节日进行了改造，把它们变
成了一种与朋友聚会的机会。

就在这些外国节日在中国流行
的同时，中国传统节日也发生了一
些变化。中秋节曾是中国古代最重
要的节日之一，在这一天，全家会
一起吃月饼。然而现在，中秋节在
年轻人中已经渐渐不流行了。甚至
在中国最重要的传统节日春节，人
们回家与家人团圆的时间也越来越
短，还没等到元宵节，人们就已经
回到工作中了。

20

25

30

35

中国人喜欢跳舞

家人 jiārén
family members

团圆 tuányuán
to have a reunion

聚 jù
to gather

大餐 dàcān
feast

情人节 Qíngrén Jié
Valentine's Day

感恩节 Gǎn'ēn Jié
Thanksgiving Day

等等 děngděng
and so on, etc.

聚会 jùhuì
(of people) to get together

中秋节 Zhōngqiū Jié
Mid-Autumn Festival

月饼 yuèbing
moon cake

甚至 shènzhì
even

元宵节 Yuánxiāo Jié
Lantern Festival

dàxíng wǔhuì, yīnwèi zài Xīfāng chuántǒng li, Shèngdàn Jié shì yí ge yǔ jiārén tuányuán de rìzi, jiù xiàng Zhōngguó de Chūn Jié yíyàng. Yì jiā rén huì jù zài yìqǐ, chī yí dùn dàcān, zài shèngdànshù xià chāikāi lǐwù, ránhòu yìqǐ qù jiàotáng.

Xiànzài Zhōngguórén guò de Xīfāng jiérì bùjǐn yǒu Shèngdàn Jié, hái bāokuò Qíngrén Jié、Gǎn'ēn Jié, děngděng, dànshì, Zhōngguó de niánqīng rén dōu jiāng zhèxiē jiérì jìnxíngle gǎizào, bǎ tāmen biànchéngle yì zhǒng yǔ péngyou jùhuì de jīhuì.

Jiù zài zhèxiē wàiguó jiérì zài Zhōngguó liúxíng de tóngshí, Zhōngguó chuántǒng jiérì yě fāshēngle yìxiē biànhuà. Zhōngqiū Jié céng shì Zhōngguó gǔdài zuì zhòngyào de jiérì zhī yī, zài zhè yì tiān, quán jiā huì yìqǐ chī yuèbing. Rán'ér xiànzài, Zhōngqiū Jié zài niánqīng rén zhōng yǐjīng jiànjiàn bù liúxíng le. Shènzhì zài Zhōngguó zuì zhòngyào de chuántǒng jiérì Chūn Jié, rénmen huí jiā yǔ jiārén tuányuán de shíjiān yě yuè lái yuè duǎn, hái méi děngdào Yuánxiāo Jié, rénmen jiù yǐjīng huídào gōngzuò zhōng le.

圣诞节在中国流行

5

5

40   节日是传统文化的一个方面，我觉得它不应该随着全球化被大家遗忘，人们应该想办法让传统节日在现代社会焕发新的光彩。

随着 suízhe
along with

全球化 quánqiúhuà
globalization

遗忘 yíwàng
to forget

焕发 huànfā
to glow

光彩 guāngcǎi
glory

中国人喜欢跳舞

我来写两句

Jiérì shì chuántǒng wénhuà de yí ge fāngmiàn,
wǒ juéde tā bù yīnggāi suízhe quánqiúhuà bèi dàjiā
yíwàng, rénmen yīnggāi xiǎng bànfǎ ràng chuántǒng
jiérì zài xiàndài shèhuì huànfā xīn de guāngcǎi.

Wǒ Lái Xiě Liǎng Jù

圣诞节在中国流行

_____

_____

_____

_____

_____

(1) 中国学生怎么过圣诞节?
Zhōngguó xuésheng zěnme guò Shèngdàn Jié?

(2) 西方与中国年轻人过圣诞节的方式有什么不同?
Xīfāng yǔ Zhōngguó niánqīng rén guò Shèngdàn Jié de fāngshì yǒu shénme bù tóng?

(3) 现在,中国人过哪些西方节日?
Xiànzài, Zhōngguórén guò nǎxiē Xīfāng jiérì?

(4) 中国的传统节日发生了什么变化?
Zhōngguó de chuántǒng jiérì fāshēngle shénme biànhuà?

中国人喜欢跳舞

我来写两句

_____

_____

_____

_____

8

time: 8 mins
words: 773

Yáng Kuàicān Zài Zhōngguó

洋 快餐 在中国

→ foreign →fast food

[Měiguó] Bǐdé Gǔdémàn
[美国] 彼得·古德曼

Chén Jīng yì
陈 晶 译

Yuèdú Tíshì:
阅读提示：

→ Màidāngláo, McDonald's

→ Kěndéjī, KFC → kuàicāndiàn, fast food shop

麦当劳、肯德基等外国快餐店在中国几乎所有的城市都有，而且还有更多的新店等待开业。中国人为什么这么喜欢洋快餐呢？下面的文章就是在讨论这个问题。→ kāi yè, to start business

Màidāngláo、Kěndéjī děng wàiguó kuàicāndiàn zài Zhōngguó jǐhū suǒyǒu de chéngshì dōu yǒu, érqiě hái yǒu gèng duō de xīn diàn děngdài kāiyè. Zhōngguórén wèi shénme zhème xǐhuan yáng kuàicān ne? Xiàmian de wénzhāng jiù shì zài tǎolùn zhège wèntí.

9

隋菁一家三口已经玩儿了一上午了。到哪儿吃饭呢？隋菁和丈夫想找一家有服务员端菜上桌的饭馆。在等待上菜的过程中，他们可

5 以休息休息——几百年来，中国人上饭馆都是这样的。但他们5岁的儿子不同意，说是要去吃快餐。没办法，隋菁夫妇只好带他去了麦当劳。隋菁说："麦当劳里非常拥

10 挤，而且这里的食物没什么营养，也不像中餐馆里那样品种丰富，但孩子们喜欢它。"

到2008年底，麦当劳在中国的分店数量已经超过1000家。2009

15 年，它还计划在中国新开175家分店。肯德基在中国的分店数量更多，到2009年，它已经拥有2500多家分店。尽管外国的品牌在中国成功的不是很多，但外国快餐绝对是

中国人喜欢跳舞

夫妇 fūfù
husband and wife

拥挤 yōngjǐ
(of people, vehicles,
ships, etc.) crowded

分店 fēndiàn
branch (of a shop)

拥有 yōngyǒu
to have

品牌 pǐnpái
trademark

Suí Jīng yì jiā sān kǒu yǐjīng wánrle yí shàngwǔ le. Dào nǎr chī fàn ne? Suí Jīng hé zhàngfu xiǎng zhǎo yì jiā yǒu fúwùyuán duān cài shàng zhuō de fàguǎn. Zài děngdài shàng cài de guòchéng zhōng, tāmen kěyǐ xiūxi xiūxi——jǐbǎi nián lái, Zhōngguórén shàng fànguǎn dōu shì zhèyàng de. Dàn tāmen wǔ suì de érzi bù tóngyì, shuō shì yào qù chī kuàicān. Méi bànfǎ, Suí Jīng fūfù zhǐhǎo dài tā qùle Màidāngláo. Suí jīng shuō: "Màidāngláo li fēicháng yōngjǐ, érqiě zhèli de shíwù méi shénme yíngyǎng, yě bú xiàng zhōngcānguǎn li nàyàng pǐnzhǒng fēngfù, dàn háizimen xǐhuan tā."

Dào èr líng líng bā nián dǐ, Màidāngláo zài Zhōngguó de fēndiàn shùliàng yǐjīng chāoguò yìqiān jiā. Èr líng líng jiǔ nián, tā hái jìhuá zài Zhōngguó xīn kāi yìbǎi qīshíwǔ jiā fēndiàn. Kěndéjī zài Zhōngguó de fēndiàn shùliàng gèng duō, dào èr líng líng jiǔ nián, tā yǐjīng yōngyǒu liǎngqiān wǔbǎi duō jiā fēndiàn. Jǐnguǎn wàiguó de pǐnpái zài Zhōngguó chénggōng de bú shì hěn duō, dàn wàiguó kuàicān juéduì shì ge

洋快餐在中国

11

20 个例外，它们已经成功进入了中国
的快餐业。

美国某研究公司统计数据表
明，现在吃快餐的中国人比美国人
还多。这个统计对28个国家1.44万
25 名成年人进行了调查。结果发现，
在中国，41%的被调查者每周至少
要到快餐店消费一次；在美国，这
个数字则为35%。

中国人为什么喜欢洋快餐呢？
30 上海一家市场调查公司的刘女士在
谈到麦当劳和肯德基的快餐店时
说："它们为消费者提供了一个又
体面又干净的环境，还有音乐，
人们在那里能够感受到西方的气
35 氛。"

另外，洋快餐在营销活动上也
下了很大工夫。比如通过鲜艳的颜
色和卡通形象来吸引儿童，请人们

例外 lìwài
exception

统计 tǒngjì
statistics

数据 shùjù
data

成年人 chéngniánrén
adult, grown-up

者 zhě
person

体面 tǐmiàn
descent

感受 gǎnshòu
to feel

气氛 qìfēn
atmosphere

营销 yíngxiāo
marketing

鲜艳 xiānyàn
bright-coloured,
gaily-coloured

卡通 kǎtōng
cartoon

中国人喜欢跳舞

lìwài, tāmen yǐjīng chénggōng jìnrùle Zhōngguó de kuàicānyè.

Měiguó mǒu yánjiū gōngsī tǒngjì shùjù biǎomíng, xiànzài chī kuàicān de Zhōngguórén bǐ Měiguórén hái duō. Zhège tǒngjì duì èrshíbā ge guójiā yī diǎn sì sì wàn míng chéngniánrén jìnxíngle diàochá. Jiéguǒ fāxiàn, zài Zhōngguó, bǎi fēnzhī sìshíyī de bèi diàocházhě měi zhōu zhìshǎo yào dào kuàicāndiàn xiāofèi yí cì; zài Měiguó, zhège shùzì zé wéi bǎi fēnzhī sānshíwǔ.

Zhōngguórén wèi shénme xǐhuan yáng kuàicān ne? Shànghǎi yì jiā shìchǎng diàochá gōngsī de Liú nǚshì zài tándào Màidāngláo hé Kěndéjī de kuàicāndiàn shí shuō: "Tāmen wèi xiāofèizhě tígōngle yí ge yòu tǐmiàn yòu gānjìng de huánjìng, hái yǒu yīnyuè, rénmen zài nàli nénggòu gǎnshòu dào Xīfāng de qìfēn."

Lìngwài, yáng kuàicān zài yíngxiāo huódòng shang yě xiàle hěn dà gōngfu. Bǐrú tōngguò xiānyàn de yánsè hé kǎtōng xíngxiàng lái xīyǐn értóng, qǐng

洋快餐在中国

喜欢的偶像明星做广告，中国篮球

40 明星姚明就为麦当劳做过广告。同

时，洋快餐还投入大量资金研究中

国传统口味的食品，不断改进自己

的食品，使它们更容易让中国人接

受。

45　　不过很多医学专家担心，随着

洋快餐越来越多，中国的肥胖问题

也会越来越严重。根据报道，中国

目前有两亿多人超重，6000多万人

肥胖。专家认为，快餐消费是造成

50 很多疾病的主要原因。

　　虽然这样，一到周末，那些

逛街的人还是来到拥挤的麦当劳。

他们中的大多数人这时都忽视了健

康方面的因素。24岁的刘小姐和一

55 位朋友从隔壁的一家商场来到拥挤

的麦当劳。她说："吃麦当劳很方

便，味道也好。"她一边说一边又

要了一份炸薯条。

中国人喜欢跳舞

偶像 ǒuxiàng
image, idol

明星 míngxīng
star

资金 zījīn
fund, capital

口味 kǒuwèi
taste, flavor (of food)

随着 suízhe
along with

肥胖 féipàng
obesity

超重 chāo zhòng
to be overweight

造成 zàochéng
to cause, to bring about

疾病 jíbìng
disease

周末 zhōumò
weekend

忽视 hūshì
to ignore, to neglect

炸薯条 zháshǔtiáo
French fries

rénmen xǐhuan de ǒuxiàng míngxīng zuò guǎnggào, Zhōngguó lánqiú míngxīng Yáo Míng jiù wèi Màidāngláo zuòguo guǎnggào. Tóngshí, yáng kuàicān hái tóurù dàliàng zījīn yánjiū Zhōngguó chuántǒng kǒuwèi de shípǐn, búduàn gǎijìn zìjǐ de shípǐn, shǐ tāmen gèng róngyì ràng Zhōngguórén jiēshòu.

Búguò hěn duō yīxué zhuānjiā dānxīn, suízhe yáng kuàicān yuè lái yuè duō, Zhōngguó de féipàng wèntí yě huì yuè lái yuè yánzhòng. Gēnjù bàodào, Zhōngguó mùqián yǒu liǎngyì duō rén chāozhòng, liùqiān duō wàn rén féipàng. Zhuānjiā rènwéi, kuàicān xiāofèi shì zàochéng hěn duō jíbìng de zhǔyào yuányīn.

Suīrán zhèyàng, yí dào zhōumò, nàxiē guàngjiē de rén háishi láidào yōngjǐ de Màidāngláo. Tāmen zhōng de dàduōshù rén zhèshí dōu hūshìle jiànkāng fāngmiàn de yīnsù. Èrshísì suì de Liú xiǎojie hé yí wèi péngyou cóng gébì de yì jiā shāngchǎng láidào yōngjǐ de Màidāngláo. Tā shuō: "Chī Màidāngláo hěn fāngbiàn, wèidao yě hǎo." Tā yìbiān shuō yìbiān yòu yàole yí fèn zháshǔtiáo.

洋快餐在中国

15

(1) 隋菁夫妇本来想去哪儿吃饭? 为什么最后没去?
Suí Jīng fūfù běnlái xiǎng qù nǎr chī fàn? Wèi shénme zuìhòu méi qù?

(2) 隋菁觉得洋快餐怎么样?
Suí Jīng juéde yáng kuàicān zěnmeyàng?

(3) 肯德基在中国有多少家分店?
Kěndéjī zài Zhōngguó yǒu duōshao jiā fēndiàn?

(4) 中国人为什么喜欢洋快餐?
Zhōngguórén wèi shénme xǐhuan yáng kuàicān?

(5) 洋快餐造成了什么问题?
Yáng kuàicān zàochéngle shénme wèntí?

中国人喜欢跳舞

我来写两句

_____

_____

_____

_____

Zhōngguórén　　Xǐhuan　　Tiàowǔ

中国人喜欢跳舞

[Měiguó] Yuēhàn Gélǐ'àonàwén
[美国] 约翰·格里奥纳文

Lǐ Lì　yì
李丽　译

Yuèdú Tíshì:
阅读提示:

　　你在中国的广场、公园常看到中老年人跳舞吗？他们喜欢跳什么舞？在你们国家也这样吗？下面的文章写的就是中国中老年人跳舞的事情。

　　Nǐ zài Zhōngguó de guǎngchǎng、gōngyuán cháng kàndào zhōng-lǎoniánrén tiàowǔ ma? Tāmen xǐhuan tiào shénme wǔ? Zài nǐmen guójiā yě zhèyàng ma? Xiàmian de wénzhāng xiě de jiù shì Zhōngguó zhōng-lǎoniánrén tiàowǔ de shìqing.

　　47岁的刘女士比较胖，最近在学交谊舞。她一是想通过跳舞减肥，二是希望像电视里演的那样，跟丈夫一起浪漫地跳跳舞。然而，

5　丈夫却不愿意跟她去，他觉得跳舞不是男人干的事。

　　于是，在一个晚上，刘女士一个人来到她家附近的花园，和另一位女士组成搭档。由于是刚学，

10　她们都有些笨拙，和着音乐，两人像是在摔跤。课间休息时，刘女士说："在电视上看起来挺容易的，没想到学起来还真难！"

　　夏季对很多人来说，是跳舞的

15　季节。不论早晨还是傍晚，只要天气稍微凉快一点儿，很多中老年人都会来到公园、广场，一起跳舞。越来越多的中老年人在跳舞中寻找同伴、快乐和健康。在现在的城市

交谊舞 jiāoyìwǔ
ballroom dance

减肥 jiǎn féi
to lose weight

浪漫 làngmàn
romantic

组成 zǔchéng
to form

搭档 dādàng
partner

笨拙 bènzhuō
clumsy, awkward

和 hè
to follow

摔跤 shuāi jiāo
to wrestle

夏季 xiàjì
summer

同伴 tóngbàn
companion, fellow

18

Sìshíqī suì de Liú nǚshì bǐjiào pàng, zuìjìn zài xué jiāoyìwǔ. Tā yī shì xiǎng tōngguò tiàowǔ jiǎnféi, èr shì xīwàng xiàng diànshì li yǎn de nàyàng, gēn zhàngfu yìqǐ làngmàn de tiàotiao wǔ. Rán'ér, zhàngfu què bú yuànyì gēn tā qù, tā juéde tiàowǔ bú shì nánrén gàn de shì.

Yúshì, zài yí ge wǎnshang, Liú nǚshì yí ge rén láidào tā jiā fùjìn de huāyuán, hé lìng yí wèi nǚshì zǔchéng dādàng. Yóuyú shì gāng xué, tāmen dōu yǒuxiē bènzhuō, hèzhe yīnyuè, liǎng rén xiàng shì zài shuāijiāo. Kèjiān xiūxi shí, Liú nǚshì shuō: "Zài diànshì shang kàn qilai tǐng róngyì de, méi xiǎngdào xué qilai hái zhēn nán!"

中国人喜欢跳舞

Xiàjì duì hěn duō rén lái shuō, shì tiàowǔ de jìjié. Búlùn zǎochen háishi bàngwǎn, zhǐyào tiānqì shāowēi liángkuai yìdiǎnr, hěn duō zhōng-lǎoniánrén dōu huì láidào gōngyuán、guǎngchǎng, yìqǐ tiàowǔ. Yuè lái yuè duō de zhōng-lǎoniánrén zài tiàowǔ zhōng xúnzhǎo tóngbàn、kuàilè hé jiànkāng. Zài xiànzài de

里，孩子长大后纷纷离开家，家里只剩下父母，于是这些父母通过跳舞消除寂寞。

交谊舞老师郭女士说："现在人们越来越重视通过锻炼保持身体 25 健康，跳舞是一种很适合中老年人的锻炼方式。"郭老师的班常常人满为患。学费是每人60元人民币，可以一直学到学会为止。

不过，在中国，还是有很多 30 男性认为交谊舞只适合女性。由于一些男性有这种观念，所以很多对舞伴两个人都是女性。另外在传统观念里，还有很多人认为邀请未婚青年做舞伴可能会引起不必要的麻 35 烦。

除了跳交谊舞以外，还有一些人选择了中国传统的民间舞蹈——秧歌。扭秧歌的人绝大多数也是中

中国人喜欢跳舞

消除 xiāochú
to relieve

寂寞 jìmò
loneliness

人满为患
rén mǎn wéihuàn
to be crowded with people

为止 wéizhǐ
up to, till, until

男性 nánxìng
male, man

女性 nǚxìng
female, woman

观念 guānniàn
idea, concept

舞伴 wǔbàn
dancing partner

未婚 wèihūn
to be unmarried,
to be single

民间 mínjiān
folk

舞蹈 wǔdǎo
dance

秧歌 yāngge
Yangge (a traditional Chinese dance)

扭 niǔ
to swing, to turn around

绝大多数
jué dàduōshù
most, the overwhelming majority

chéngshì li, háizi zhǎngdà hòu fēnfēn líkāi jiā, jiāli zhǐ shèngxia fùmǔ, yúshì zhèxiē fùmǔ tōngguò tiàowǔ xiāochú jìmò.

Jiāoyìwǔ lǎoshī Guō nǚshì shuō: "Xiànzài rénmen yuè lái yuè zhòngshì tōngguò duànliàn bǎochí shēntǐ jiànkāng, tiàowǔ shì yì zhǒng hěn shìhé zhōng-lǎoniánrén de duànliàn fāngshì." Guō lǎoshī de bān chángcháng rén mǎn wéihuàn. Xuéfèi shì měi rén liùshí yuán rénmínbì, kěyǐ yìzhí xuédào xuéhuì wéizhǐ.

Búguò, zài Zhōngguó, háishi yǒu hěn duō nánxìng rènwéi jiāoyìwǔ zhǐ shìhé nǚxìng. Yóuyú yìxiē nánxìng yǒu zhè zhǒng guānniàn, suǒyǐ hěn duō duì wǔbàn liǎng ge rén dōu shì nǚxìng. Lìngwài zài chuántǒng guānniàn li, hái yǒu hěn duō rén rènwéi yāoqǐng wèihūn qīngnián zuò wǔbàn kěnéng huì yǐnqǐ bú bìyào de máfan.

Chúle tiào jiāoyìwǔ yǐwài, hái yǒu yìxiē rén xuǎnzéle Zhōngguó chuántǒng de mínjiān wǔdǎo——yāngge. Niǔ yāngge de rén jué dàduōshù yě shì

中国人喜欢跳舞

老年妇女，她们化着浓妆，和着音
40 乐列队行进。在北京，有几万名妇
女每晚参加扭秧歌的活动。

　　万女士和她的两个好朋友经常
一起来北京南城的广场扭秧歌，一
扭就是几个小时，而她们的女儿有
45 时却羞于见到她们的穿着打扮。不
过，万女士对此并不在意，她说：
"扭秧歌代表了一种自由的生活态
度，我们希望看起来像个整体，所
以才会穿红着绿，化很浓的妆。"

中国人喜欢跳舞

浓妆 nóngzhuāng
heavy make-up

列队 liè duì
to line up

羞于 xiūyú
to be ashamed

穿着 chuānzhuó
dress

在意 zàiyì
to care about, to mind

整体 zhěngtǐ
whole, entirety

穿红着绿
chuān hóng zhuó lù
to wear bright clothes

我来写两句

zhōng-lǎonián fùnǚ, tāmen huàzhe nóngzhuāng,

hèzhe yīnyuè lièduì xíngjìn. Zài Běijīng, yǒu jǐwàn

míng fùnǚ měi wǎn cānjiā niǔ yāngge de huódòng.

Wàn nǚshì hé tā de liǎng ge hǎo péngyou

jīngcháng yìqǐ lái Běijīng nán chéng de guǎngchǎng

niǔ yāngge, yì niǔ jiù shì jǐ ge xiǎoshí, ér tāmen de

nǚ'ér yǒushí què xiūyú jiàndào tāmen de chuānzhuó

dǎban. Búguò, Wàn nǚshì duì cǐ bìng bú zàiyì,

tā shuō: "Niǔ yāngge dàibiǎole yì zhǒng zìyóu de

shēnghuó tàidu, wǒmen xīwàng kàn qilai xiàng ge

zhěngtǐ, suǒyǐ cái huì chuān hóng zhuó lǜ, huà hěn

nóng de zhuāng."

中国人喜欢跳舞

Wǒ Lái Xiě Liǎng Jù

(1) 刘女士为什么想学跳舞?
Liú nǚshì wèi shénme xiǎng xué tiàowǔ?

(2) 中老年人为什么喜欢跳舞?
Zhōng-lǎoniánrén wèi shénme xǐhuan tiàowǔ?

(3) 中国男人为什么很少跳舞?
Zhōngguó nánrén wèi shénme hěn shǎo tiàowǔ?

(4) 扭秧歌的人一般是什么打扮?
Niǔ yāngge de rén yìbān shì shénme dǎban?

(5) 万女士的女儿怎么看待母亲扭秧歌?
Wàn nǚshì de nǚ'ér zěnme kàndài mǔqin niǔ yāngge?

中国人喜欢跳舞

我来写两句

_____

_____

_____

_____

_____

Zhōngguórén de Xiūxián Shēnghuó
中国人的休闲生活

→ to have leisure

[Déguó] 《Hànnuòwēi Rìbào》
[德国] 《汉诺威日报》
Qīngmù yì
青木 译 → a kind of daily newspaper
published in Hanover

Yuèdú Tíshì:
阅读提示:

在你们国家,人们休闲的时候一般会做什么?与过去相比,中国人现在的休闲生活越来越丰富了。请看下面的文章,看看中国人是怎么休闲的。

Zài nǐmen guójiā, rénmen xiūxián de shíhou yìbān huì zuò shénme? Yǔ guòqù xiāng bǐ, Zhōngguórén xiànzài de xiūxián shēnghuó yuè lái yuè fēngfù le. Qǐng kàn xiàmian de wénzhāng, kànkan Zhōngguórén shì zěnme xiūxián de.

今年十一，陈女士一家三口去韩国玩儿了一圈。她说："有这么多天的假期，应该好好儿享受一下生活。"

5　　五天工作制，春节、十一两个七天的黄金周，还有元旦、清明节、五一、端五节、中秋节这些小假期，使中国人像西方人一样进入到"休闲时代"。如果现在问中国10人是否愿意为工作而放弃休闲，答案肯定是"不"。

　　十一黄金周是中国人轻松休闲的主要日子。据调查，中国老百姓在假期最想做的事情中，旅游休闲15排第一，达到50%。当然，过去只知道去大商场逛的人，如今也到图书馆、大剧院和健身中心了。

　　今年十一，在一个健身中心，毛先生花了600元请朋友锻炼；胡

中国人喜欢跳舞

十一　Shí-Yī
October 1st
(National Day)

圈　quān
circle, circuit

假期　jiàqī
vacation, holiday

黄金周　huángjīnzhōu
golden week

元旦　Yuándàn
New Year's Day

清明节　Qīngmíng Jié
Tomb Sweeping Day

五一　Wǔ-Yī
May Day

端午节　Duānwǔ Jié
Dragon Boat Festival

中秋节　Zhōngqiū Jié
Mid-Autumn Festiral

是否　shìfǒu
whether (or not)

据　jù
according to

旅游　lǚyóu
to travel, to tour

剧院　jùyuàn
theatre

健身中心
jiànshēn zhōngxīn
fitness center

Jīnnián Shí-Yī, Chén nǚshì yì jiā sān kǒu qù Hánguó wánrle yì quān. Tā shuō: "Yǒu zhème duō tiān de jiàqī, yīnggāi hǎohāor xiǎngshòu yíxià shēnghuó."

Wǔ tiān gōngzuò zhì, Chūn Jié、Shí-Yī liǎng ge qī tiān de huángjīnzhōu, hái yǒu Yuándàn、Qīngmíng Jié、Wǔ-Yī、Duānwǔ Jié、Zhōngqiū Jié zhèxiē xiǎo jiàqī, shǐ Zhōngguórén xiàng Xīfāngrén yíyàng jìnrù dào "xiūxián shídài". Rúguǒ xiànzài wèn Zhōngguórén shìfǒu yuànyì wèi gōngzuò ér fàngqì xiūxián, dá'àn kěndìng shì "bù".

Shí-Yī huángjīnzhōu shì Zhōngguórén qīngsōng xiūxián de zhǔyào rìzi. Jù diàochá, Zhōngguó lǎobǎixìng zài jiàqī zuì xiǎng zuò de shìqing zhōng, lǚyóu xiūxián pái dì yī, dádào bǎi fēnzhī wǔshí. Dāngrán, guòqù zhǐ zhīdao qù dà shāngchǎng guàng de rén, rújīn yě dào túshūguǎn、dà jùyuàn hé jiànshēn zhōngxīn le.

Jīnnián Shí-Yī, zài yí ge jiànshēn zhōngxīn, Máo xiānsheng huāle liùbǎi yuán qǐng péngyou

中国人的休闲生活

20 小姐没有忘记利用假期到图书馆读书；王女士则和家人待在家里，做做家务，看看电视。她说："这是个放松心情的好机会。"看来，富裕起来的中国人开始追求舒适的休闲生活了。

林先生黄金周期间选择了开着自己的车带家人去旅游。在高速公路上，可以看到一辆辆满载大人孩子、大包小包的车开过。

30 最高兴的要数中国的"邻居"了。在马来西亚、泰国、韩国，到处是彩色小旗，上面写着中国旅行社的名字。欧洲同样欢迎中国游客的到来。据报道，2008年中国人的

35 旅游消费超过日本人和德国人，接近5900亿美元，居世界第二。

虽然旅游看起来很红火，但是当你加入到黄金周的旅游队伍中

家人 jiārén
family members

家务 jiāwù
household chores

放松 fàngsōng
to relax

富裕 fùyù
rich

追求 zhuīqiú
to seek, to pursue

高速公路
gāosù gōnglù
highway

满载 mǎnzài
to be fully loaded

马来西亚 Mǎláixīyà
Malaysia

泰国 Tàiguó
Thailand

韩国 Hánguó
Korea

旅行社 lǚxíngshè
travel agency

欧洲 Ōuzhōu
Europe, European

游客 yóukè
tourist

德国 Déguó
Germany

居 jū to rank

红火 hónghuo
flourishing

中国人喜欢跳舞

duànliàn; Hú xiǎojie méiyou wàngjì lìyòng jiàqī dào túshūguǎn dúshū; Wáng nǔshì zé hé jiārén dāi zài jiāli, zuòzuo jiāwù, kànkan diànshì. Tā shuō: "Zhè shì ge fàngsōng xīnqíng de hǎo jīhuì." Kànlái, fùyù qilai de Zhōngguórén kāishǐ zhuīqiú shūshì de xiūxián shēnghuó le.

Lín xiānsheng huángjīnzhōu qījiān xuǎnzéle kāizhe zìjǐ de chē dài jiārén qù lǚyóu. Zài gāosù gōnglù shang, kěyǐ kàndào yí liàngliàng mǎnzài dàren háizi、 dà bāo xiǎo bāo de chē kāiguo.

Zuì gāoxìng de yào shǔ Zhōngguó de "línjū" le. Zài Mǎláixīyà、Tàiguó、Hánguó, dàochù shì cǎisè xiǎo qí, shàngmian xiězhe Zhōngguó lǚxíngshè de míngzi. Ōuzhōu tóngyàng huānyíng Zhōngguó yóukè de dàolái. Jù bàodào, èr líng líng bā nián Zhōngguórén de lǚyóu xiāofèi chāoguò Rìběnrén hé Déguórén, jiējìn wǔqiān jiǔbǎi yì měiyuán, jū shìjiè dì èr.

Suīrán lǚyóu kàn qilai hěn hónghuo, dànshì dāng nǐ jiārù dào huángjīnzhōu de lǚyóu duìwu zhōng shí,

中国人的休闲生活

时，一些事情也会让你发牢骚。比
40 如，平价旅馆太少。三名德国留学
生也趁十一在中国旅游，可他们一
直为找不到便宜旅馆而发愁。他们
说："到处都是四星级、五星级的
宾馆，却很少有国际流行的青年旅
45 馆。"另外，像信用卡在一些商场
常常不能用、卫生间条件不够好，
等等，也都是普遍存在的问题。因
此，中国在鼓励大家旅游的同时也
要注意提高服务的质量。

发牢骚 fā láosao
to complain

平价 píngjià
fair price

发愁 fā chóu
to be worried about

星级 xīngjí
star-rated

流行 liúxíng
to be prevalent,
to be popular

信用卡 xìnyòngkǎ
credit card

卫生间 wèishēngjiān
restroom

中国人喜欢跳舞

我来写两句

30

yìxiē shìqing yě huì ràng nǐ fā láosao. Bǐrú, píngjià
lǚguǎn tài shǎo. Sān míng Déguó liúxuéshēng yě chèn
Shí-Yī zài Zhōngguó lǚyóu, kě tāmen yìzhí wèi zhǎo
bu dào piányi lǚguǎn ér fāchóu. Tāmen shuō: "Dàochù
dōu shì sì xīngjí, wǔ xīngjí de bīnguǎn, què hěn shǎo
yǒu guójì liúxíng de qīngnián lǚguǎn." Lìngwài, xiàng
xìnyòngkǎ zài yìxiē shāngchǎng chángcháng bù néng
yòng, wèishēngjiān tiáojiàn bú gòu hǎo, děngděng,
yě dōu shì pǔbiàn cúnzài de wèntí. Yīncǐ, Zhōngguó
zài gǔlì dàjiā lǚyóu de tóngshí yě yào zhùyì tígāo fúwù
de zhìliàng.

中国人的休闲生活

Wǒ Lái Xiě Liǎng Jù

中国人喜欢跳舞

你看懂了吗？
Nǐ Kàndǒngle ma?

(1) 为什么说中国人进入了"休闲时代"？
Wèi shénme shuō Zhōngguórén jìnrùle "xiūxián shídài"？

(2) 中国人假期最想做什么？
Zhōngguórén jiàqī zuì xiǎng zuò shénme?

(3) 今年十一，王女士做什么了？
Jīnnián Shí-Yī, Wáng nǚshì zuò shénme le?

(4) 中国人最喜欢去哪儿旅游？
Zhōngguórén zuì xǐhuan qù nǎr lǚyóu?

(5) 黄金周旅游有什么问题？
Huángjīnzhōu lǚyóu yǒu shénme wèntí?

我来写两句

time: 7 mins
words: 689

5

Qìchē Yǐngyuàn Huǒ Běijīng

汽车影院 火北京

→ automobile cinema   → to prosper

[Měiguó] Měi Lián Shè
[美国] 美联社
→ Associated Press (AP)

Wáng Tiān yì
王 天译

Yuèdú Tíshì:
阅读提示:

在你们国家,人们常去汽车影院看电影吗?现在在北京,去汽车影院看电影渐渐流行起来了。北京人为什么喜欢去汽车影院呢?看看下面的文章吧。

→ liúxíng, to be prevalent, to popular

Zài nǐmen guójiā, rénmen cháng qù qìchē yǐngyuàn kàn diànyǐng ma? Xiànzài zài Běijīng, qù qìchē yǐngyuàn kàn diànyǐng jiànjiàn liúxíng qilai le. Běijīngrén wèi shénme xǐhuan qù qìchē yǐngyuàn ne? Kànkan xiàmian de wénzhāng ba.

这是一个周六的夜晚，一辆辆汽车开进汽车影院的车位。坐在车里的顾客一边吃着零食，一边看着电影。

5   汽车影院在中国是个新鲜事物。随着中国经济的发展，社会上产生了一个有能力买汽车的城市阶层。刘女士和丈夫及5岁的女儿正坐在车里，在北京一家汽车影院看

10 美国影片。刘女士说："我们的工作非常辛苦，很需要放松，还有什么比坐在自己车里看电影更舒服的呢？"

十几年前，坐在自己的汽车里

15 看电影还是人们很难想像的事。当时北京人能买得起汽车的还不多，看电影一般都是去传统的电影院。北京第一家汽车影院老板、今年40岁的王先生说："直到上中学的时

车位 chēwèi
parking place

零食 língshí
snack

随着 suízhe
along with

阶层 jiēcéng
(social) stratum

影片 yǐngpiàn
film

放松 fàngsōng
to relax

中国人喜欢跳舞

Zhè shì yí ge zhōuliù de yèwǎn, yí liàngliàng qìchē kāijìn qìchē yǐngyuàn de chēwèi. Zuò zài chē li de gùkè yìbiān chīzhe língshí, yìbiān kànzhe diànyǐng.

Qìchē yǐngyuàn zài Zhōngguó shì ge xīnxiān shìwù. Suízhe Zhōngguó jīngjì de fāzhǎn, shèhuì shang chǎnshēngle yí ge yǒu nénglì mǎi qìchē de chéngshì jiēcéng. Liú nǚshì hé zhàngfu jí wǔ suì de nǚ'ér zhèng zuò zài chē li, zài Běijīng yì jiā qìchē yǐngyuàn kàn Měiguó yǐngpiàn. Liú nǚshì shuō: "Wǒmen de gōngzuò fēicháng xīnkǔ, hěn xūyào fàngsōng, hái yǒu shénme bǐ zuò zài zìjǐ chē li kàn diànyǐng gèng shūfu de ne?"

Shíjǐ nián qián, zuò zài zìjǐ de qìchē li kàn diànyǐng hái shì rénmen hěn nán xiǎngxiàng de shì. Dāngshí Běijīngrén néng mǎi de qǐ qìchē de hái bù duō, kàn diànyǐng yìbān dōu shì qù chuántǒng de diànyǐngyuàn. Běijīng dì yī jiā qìchē yǐngyuàn lǎobǎn, jīnnián sìshí suì de Wáng xiānsheng shuō:

汽车影院火北京

20 候，我还没有坐过汽车，甚至连自
行车都买不起，因此我们走路去看
电影，和现在完全不同。这是一个
多么大的变化啊！"

2003 "非典" 期间，北京所
25 有的电影院和饭店都不得不暂停营
业，而汽车影院的生意却异常红
火。王先生说："当时汽车都排起
了长队，因为我们是当时北京唯一
营业的文化娱乐场所。"

30 目前，北京城市居民人均年
收入超过3000美元，有能力买车的
人越来越多。随着中国城市居民收
入越来越接近西方的中产阶级，这
部分人的生活方式也发生了越来越
35 大的变化。王先生说："当我1998
年开始搞这个生意时，只有一小部
分人有自己的汽车。但从2000年开
始，私家车的增长速度非常快，尤

中国人喜欢跳舞

甚至 shènzhì
even

非典 Fēi Diǎn
SARS

暂停 zàntíng
to suspend, to stop for
the time being

红火 hónghuo
flourishing

唯一 wéiyī
only

娱乐 yúlè
entertainment

场所 chǎngsuǒ
venue

居民 jūmín
resident

人均 rénjūn
per capita, per person

中产阶级
zhōngchǎn jiējí
middle-class

私家车 sījiāchē
private car

"Zhídào shàng zhōngxué de shíhou, wǒ hái méiyou zuòguo qìchē, shènzhì lián zìxíngchē dōu mǎi bu qǐ, yīncǐ wǒmen zǒulù qù kàn diànyǐng, hé xiànzài wánquán bù tóng. Zhè shì yí ge duōme dà de biànhuà a!"

Èr líng líng sān nián "Fēi Diǎn" qījiān, Běijīng suǒyǒu de diànyǐngyuàn hé fàndiàn dōu bù dé bú zàntíng yíngyè, ér qìchē yǐngyuàn de shēngyi què yìcháng hónghuo. Wáng xiānsheng shuō: "Dāngshí qìchē dōu páiqile cháng duì, yīnwèi wǒmen shì dāngshí Běijīng wéiyī yíngyè de wénhuà yúlè chǎngsuǒ."

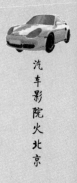

汽车影院火北京

Mùqián, Běijīng chéngshì jūmín rénjūn nián shōurù chāoguò sānqiān měiyuán, yǒu nénglì mǎi chē de rén yuè lái yuè duō. Suízhe Zhōngguó chéngshì jūmín shōurù yuè lái yuè jiējìn Xīfāng de zhōngchǎn jiējí, zhè bùfen rén de shēnghuó fāngshì yě fāshēngle yuè lái yuè dà de biànhuà. Wáng xiānsheng shuō: "Dāng wǒ yī jiǔ jiǔ bā nián kāishǐ gǎo zhège shēngyi shí, zhǐ yǒu yì xiǎo bùfen rén yǒu zìjǐ de qìchē. Dàn cóng èr líng líng líng nián kāishǐ, sījiāchē de zēngzhǎng sùdù fēicháng kuài,

其是在首都北京。"现在他的汽车

40 影院占地66万平方米，可容纳几百

辆汽车。每辆车的门票是100元左

右，车内人数不受限制，汽车影院

里还有三家饭店，为人们提供各种

食品和饮料。

45   到汽车影院看电影的大多数

是年轻的家庭。一家公司的老板张

先生就说，他喜欢汽车影院，因为

"观众可以在个人的环境中享受看

电影的乐趣"。他的女儿也同意这

50 一点，称这是一种"非常好的享

受"。

容纳 róngnà
to have the capacity for,
to accommodate

门票 ménpiào
admission ticket

饮料 yǐnliào
beverage

乐趣 lèqù
delight, joy, pleasure

中国人喜欢跳舞

我来写两句

yóuqí shì zài shǒudū Běijīng." Xiànzài tā de qìchē yǐngyuàn zhàndì liùshíliù wàn píngfāngmǐ, kě róngnà jǐbǎi liàng qìchē. Měi liàng chē de ménpiào shì yìbǎi yuán zuǒyòu, chē nèi rénshù bú shòu xiànzhì, qìchē yǐngyuàn li hái yǒu sān jiā fàndiàn, wèi rénmen tígōng gè zhǒng shípǐn hé yǐnliào.

Dào qìchē yǐngyuàn kàn diànyǐng de dàduōshù shì niánqīng de jiātíng. Yì jiā gōngsī de lǎobǎn Zhāng xiānsheng jiù shuō, tā xǐhuan qìchē yǐngyuàn, yīnwèi "guānzhòng kěyǐ zài gèrén de huánjìng zhōng xiǎngshòu kàn diànyǐng de lèqù". Tā de nǚ'ér yě tóngyì zhè yì diǎn, chēng zhè shì yì zhǒng "fēicháng hǎo de xiǎngshòu".

汽车影院 火北京

Wǒ Lái Xiě Liǎng Jù

Nǐ Kàndǒngle ma?
你看懂了吗?

(1) 刘女士为什么要来汽车影院看电影?
Liú nǚshì wèi shénme yào lái qìchē yǐngyuàn kàn diànyǐng?

(2) 在"非典"时期，为什么北京的汽车影院很红火?
Zài "Fēi Diǎn" shíqī, wèi shénme Běijīng de qìchē yǐngyuàn hěn hónghuo?

(3) 北京第一家汽车影院什么样?
Běijīng dì yī jiā qìchē yǐngyuàn shénme yàng?

(4) 张先生为什么喜欢汽车影院?
Zhāng xiānsheng wèi shénme xǐhuan qìchē yǐngyuàn?

我来写两句

time: 7 mins
words: 693

6

"Kūbā"　　Zài　Zhōngguó Shòu Huānyíng

"哭吧" 在中国受欢迎

cry room

[Déguó] Kǎimǔ Shūnígě
[德国] 凯姆·舒尼葛

Qīngmù yì
青木　译

Yuèdú Tíshì:
阅读提示：

yālì, pressure

　　当你心情不好或压力特别大的时候，一般会怎么做？你会痛快地大哭一场吗？你会去哪里哭呢？现在中国有了可以让人痛快大哭的地方，这样的地方叫"哭吧"。他们用什么办法让你大哭呢？看看下面的文章，你就知道了。

　　Dāng nǐ xīnqíng bù hǎo huò yālì tèbié dà de shíhou, yìbān huì zěnme zuò? Nǐ huì tòngkuài de dà kū yì cháng ma? Nǐ huì qù nǎli kū ne? Xiànzài Zhōngguó yǒule kěyǐ ràng rén tòngkuài dà kū de dìfang, zhèyàng de dìfang jiào "kūbā". Tāmen yòng shénme bànfǎ ràng nǐ dà kū ne? Kànkan xiàmian de wénzhāng, nǐ jiù zhīdao le.

41

在南京的一家哭吧里，一个人正坐在沙发上哭，旁边的桌子上放着风油精等"催泪工具"。房间里还有很多玻璃杯，是供客人情绪激
5 动时发泄用的。哭吧主要是为一些在感情、工作及生活上受到挫折的人提供一个发泄痛苦的地方。

2004年7月，南京有了中国第一家哭吧。44岁的罗先生是这家哭
10 吧的老板，他长期从事婚姻咨询服务，之前还开过情感热线。随着酒吧、网吧越来越流行，罗先生决定开个哭吧，供人们发泄。在他的哭吧里，哭1小时收50元。来这里的
15 顾客除了本地人外，还有来自其他省市的人，他们大多数是因为无法在现实生活中随意流泪而来的。

据罗先生介绍，哭吧的客人中女性占80%以上。她们受到失恋、

南京 Nánjīng
Nanjing (capital of Jiangsu Province)

风油精 fēngyóujīng
essential balm

催泪 cuī lèi
to cause tears

发泄 fāxiè
to let off, to give vent to

挫折 cuòzhé
defeat, frustration

咨询 zīxún
to consult

情感 qínggǎn
feeling

热线 rèxiàn
hotline

随着 suízhe
along with

酒吧 jiǔbā
bar

网吧 wǎngbā
Internet cafe

流行 liúxíng
to be prevalent, to be popular

无法 wúfǎ
unable

随意 suíyì
at will

女性 nǚxìng
female, woman

失恋 shī liàn
to be disappointed in a love affair

中国人喜欢跳舞

Zài Nánjīng de yì jiā kūbā li, yí ge rén zhèng zuò zài shāfā shang kū, pángbiān de zhuōzi shang fàngzhe fēngyóujīng děng "cuīlèi gōngjù". Fángjiān li hái yǒu hěn duō bōli bēi, shì gōng kèrén qíngxù jīdòng shí fāxiè yòng de. Kūbā zhǔyào shì wèi yìxiē zài gǎnqíng、 gōngzuò jí shēnghuó shang shòudào cuòzhé de rén tígōng yí ge fāxiè tòngkǔ de dìfang.

Èr líng líng sì nián qīyuè, Nánjīng yǒule Zhōngguó dì yī jiā kūbā. Sìshísì suì de Luó xiānsheng shì zhè jiā kūbā de lǎobǎn, tā chángqī cóngshì hūnyīn zīxún fúwù, zhīqián hái kāiguo qínggǎn rèxiàn. Suízhe jiǔbā、 wǎngbā yuè lái yuè liúxíng, Luó xiānsheng juédìng kāi ge kūbā, gōng rénmen fāxiè. Zài tā de kūbā li, kū yì xiǎoshí shōu wǔshí yuán. Lái zhèli de gùkè chúle běndì rén wài, hái yǒu lái zì qítā shěng shì de rén, tāmen dàduōshù shì yīnwèi wúfǎ zài xiànshí shēngguó zhōng suíyì liúlèi ér lái de.

Jù Luó xiānsheng jièshào, kūbā de kèren zhōng nǚxìng zhàn bǎi fēnzhī bāshí yǐshàng. Tāmen shòudào

「哭吧」在中国受欢迎

中国人喜欢跳舞

20 离婚等感情挫折后，找不到倾诉的
对象和地方。在这里发泄后，她们
中的大多数能很快恢复心理平衡，
重新回到现实生活中。当然，也有
一些男性顾客来哭吧消费。一位正
25 准备大哭一场的小伙子说，以前不
敢哭，因为怕别人说"男儿有泪不
轻弹"，现在的哭吧为男人提供了
发泄情感的地方。

　　在上海一家哭吧的桌子上，放
30 着一张价目表，情感宣泄（也就是
哭）每小时收费100元，心理咨询
每小时收费200元。经营者刘女士
对这门生意充满信心。她说："我
每天一有时间就研究、学习，我的
35 目标就是在中国各大城市都开一家
分店，在上海的目标是每个区有一
家分店。"

倾诉　qīngsù
to pour out (one's
worries, grievances etc.)

心理　xīnlǐ
psychology, mentality

平衡　pínghéng
balance

男性　nánxìng
male, man

男儿有泪不轻弹
nán'ér yǒu lèi bù qīng
tán
men seldom cry

价目表　jiàmù biǎo
price list

宣泄　xuānxiè
to vent

分店　fēndiàn
branch (of a shop)

shīliàn、líhūn děng gǎnqíng cuòzhé hòu, zhǎo bu dào qīngsù de duìxiàng hé dìfang. Zài zhèli fāxiè hòu, tāmen zhōng de dàduōshù néng hěn kuài huīfù xīnlǐ pínghéng, chóngxīn huídào xiànshí shēnghuó zhōng. Dāngrán, yě yǒu yìxiē nánxìng gùkè lái kūbā xiāofèi. Yí wèi zhèng zhǔnbèi dà kū yì cháng de xiǎohuǒzi shuō, yǐqián bù gǎn kū, yīnwèi pà biéren shuō "nán'ér yǒu lèi bù qīng tán", xiànzài de kūbā wèi nánrén tígōngle fāxiè qínggǎn de dìfang.

Zài Shànghǎi yì jiā kūbā de zhuōzi shang, fàngzhe yì zhāng jiàmù biǎo, qínggǎn xuānxiè (yě jiù shì kū) měi xiǎoshí shōufèi yìbǎi yuán, xīnlǐ zīxún měi xiǎoshí shōufèi èrbǎi yuán. Jīngyíngzhě Liú nǚshì duì zhè mén shēngyi chōngmǎn xìnxīn. Tā shuō: "Wǒ měi tiān yì yǒu shíjiān jiù yánjiū、xuéxí, wǒ de mùbiāo jiù shì zài Zhōngguó gè dà chéngshì dōu kāi yì jiā fēndiàn, zài Shànghǎi de mùbiāo shì měi ge qū yǒu yì jiā fēndiàn."

"哭吧"在中国受欢迎

对于哭吧的流行，中国一些心理学专家认为，哭吧反映了现在
40 中国人有着巨大的社会压力。哭有时确实可以达到发泄的目的，但并不是调节情绪的最好办法。要解决情感等问题，最好是搞好与同事、家人之间的关系。还有专家表示，
45 哭吧作为一种情感发泄的地方，有积极的一面，但是哭泣很难完全转变成一种商业。

看来，受欢迎的哭吧能不能像网吧一样在中国普及，仍需要时间
50 证明。

心理学 xīnlǐxué
psychology

调节 tiáojié
to regulate, to adjust

同事 tóngshì
colleague

家人 jiārén
family members

哭泣 kūqì
to cry

普及 pǔjí
to popularize

中国人喜欢跳舞

我来写两句

_____

_____

_____

Duìyú kūbā de liúxíng, Zhōngguó yìxiē xīnlǐxué zhuānjiā rènwéi, kūbā fǎnyìngle xiànzài Zhōngguórén yǒuzhe jùdà de shèhuì yālì. Kū yǒushí quèshí kěyǐ dádào fāxiè de mùdì, dàn bìng bú shì tiáojié qíngxù de zuì hǎo bànfǎ. Yào jiějué qínggǎn děng wèntí, zuìhǎo shì gǎohǎo yǔ tóngshì, jiārén zhījiān de guānxi. Hái yǒu zhuānjiā biǎoshì, kūbā zuòwéi yì zhǒng qínggǎn fāxiè de dìfang, yǒu jǐjí de yí miàn, dànshì kūqì hěn nán wánquán zhuǎnbiàn chéng yì zhǒng shāngyè.

Kànlái, shòu huānyíng de kūbā néng bu néng xiàng wǎngbā yíyàng zài Zhōngguó pǔjí, réng xūyào shíjiān zhèngmíng.

「哭吧」在中国受欢迎

Wǒ Lái Xiě Liǎng Jù

(1) 中国第一家哭吧在哪个城市？
Zhōngguó dì yī jiā kūbā zài nǎge chéngshì?

(2) 去哭吧的主要是什么人？
Qù kūbā de zhǔyào shì shénme rén?

(3) 哭吧里的那个小伙子以前为什么不敢哭？
Kūbā li de nàge xiǎohuǒzi yǐqián wèi shénme bù gǎn kū?

(4) 上海哭吧经营者刘女士有什么目标？
Shànghǎi kūbā jīngyíngzhě Liú nǚshì yǒu shénme mùbiāo?

(5) 对于哭吧的流行，心理学专家怎么看？
Duìyú kūbā de liúxíng, xīnlǐxué zhuānjiā zěnme kàn?

中国人喜欢跳舞

我来写两句

_____

_____

_____

_____

Xīnlǐ Zīxún Zài Zhōngguó Rè Qilai
心理咨询在中国热起来

psychology → to consult

[Měiguó] Lā'ěrfū Fúlāmòlìnuò
[美国] 拉尔夫·弗拉莫利诺

Lín Xiǎogāng yì
林 晓刚 译

Yuèdú Tíshì:
阅读提示:

zhěnsuǒ, clinic

以前，中国人很少主动去接受心理咨询，但是现在这种情况改变了，越来越多的心理诊所出现了。为什么会有这样的变化呢？中国的心理诊所还存在什么问题呢？一起看看下面的文章吧。

Yǐqián, Zhōngguórén hěn shǎo zhǔdòng qù jiēshòu xīnlǐ zīxún, dànshì xiànzài zhè zhǒng qíngkuàng gǎibiàn le, yuè lái yuè duō de xīnlǐ zhěnsuǒ chūxiàn le. Wèi shénme huì yǒu zhèyàng de biànhuà ne? Zhōngguó de xīnlǐ zhěnsuǒ hái cúnzài shénme wèntí ne? Yìqǐ kànkan xiàmian de wénzhāng ba.

西方心理学正在中国受到欢迎。这主要是因为快速的社会变化给人们带来了激烈的竞争和巨大的心理压力。"一切都在变化。"中

5 国心理学会的张先生说，"有些人希望能保持原来的传统，但这不可能。世界在发展，人们也必须改变自己，以适应这种发展。"

在最近进行的一次调查中，有

10 1/3的人说他们经常有挫折、愤怒或抑郁的感觉。另外，中国的离婚率不断上升，自杀的年轻人也越来越多。

由于存在着需要，中国的心理

15 咨询行业很快发展了起来。各大高校也积极开设心理学专业。目前中国有300多所高校建立了心理学系和心理学专业，在校学习心理学的

中国人喜欢跳舞

心理学 xīnlǐxué
psychology

快速 kuàisù
rapid

竞争 jìngzhēng
competition

压力 yālì
pressure

中国心理学会
Zhōngguó Xīnlǐ Xuéhuì
Chinese Psychological
Society

挫折 cuòzhé
frustration

抑郁 yìyù
depression

率 lǜ
rate

上升 shàngshēng
to rise

自杀 zìshā
to commit suicide

行业 hángyè
trade

高校 gāoxiào
colleges and universities

开设 kāishè
to offer

Xīfāng xīnlǐxué zhèngzài Zhōngguó shòudào huānyíng. Zhè zhǔyào shì yīnwèi kuàisù de shèhuì biànhuà gěi rénmen dàilaile jīliè de jìngzhēng hé jùdà de xīnlǐ yālì. "Yíqiè dōu zài biànhuà." Zhōngguó Xīnlǐ Xuéhuì de Zhāng xiānsheng shuō, "Yǒuxiē rén xīwàng néng bǎochí yuánlái de chuántǒng, dàn zhè bù kěnéng. Shìjiè zài fāzhǎn, rénmen yě bìxū gǎibiàn zìjǐ, yǐ shìyìng zhè zhǒng fāzhǎn."

Zài zuìjìn jìnxíng de yí cì diàochá zhōng, yǒu sān fēnzhī yī de rén shuō tāmen jīngcháng yǒu cuòzhé、 fènnù huò yìyù de gǎnjué. Lìngwài, Zhōngguó de líhūnlǜ búduàn shàngshēng, zìshā de niánqīng rén yě yuè lái yuè duō.

Yóuyú cúnzàizhe xūyào, Zhōngguó de xīnlǐ zīxún hángyè hěn kuài fāzhǎnle qilai. Gè dà gāoxiào yě jǐjí kāishè xīnlǐxué zhuānyè. Mùqián Zhōngguó yǒu sānbǎi duō suǒ gāoxiào jiànlìle xīnlǐxuéxì hé xīnlǐxué zhuānyè, zài xiào xuéxí xīnlǐxué de dàxuéshēng、

大学生、研究生近万人，他们正在
20 或将要进入这个快速增长的市场。

李先生是一名30岁的电台工作
人员。他说，他在一年前接触了一
位北京的心理咨询师。那时，他觉
得心理咨询没什么。但现在，经过
25 多次咨询后，他出了麻烦的婚姻正
在变好。

但大多数中国人还不太习惯
用语言表达自己。很多人对于说自
己的家庭情况或把秘密告诉陌生人
30 感到很不适应。此外，在中国，大
多数人还只是忙于工作，没有时间
关心情绪的问题。就算他们想解决
情绪问题，很多人也没有能力支付
每小时20到100美元的心理咨询费
35 用。

一位商人说："中国人接受的
教育就是，如果你有困难，你可

研究生 yánjiūshēng
graduate

师 shī
person skilled in a certain
profession or trade

陌生人 mòshēng rén
stranger

就算 jiùsuàn
even if
支付 zhīfù
to pay (money)

中国人喜欢跳舞

yánjiūshēng jìn wàn rén, tāmen zhèngzài huò jiāngyào jìnrù zhège kuàisù zēngzhǎng de shìchǎng.

Lǐ xiānsheng shì yì míng sānshí suì de diàntái gōngzuò rényuán. Tā shuō, tā zài yì nián qián jiēchùle yí wèi Běijīng de xīnlǐ zīxúnshī. Nà shí, tā juéde xīnlǐ zīxún méi shénme. Dàn xiànzài, jīngguò duō cì zīxún hòu, tā chūle máfan de hūnyīn zhèngzài biànhǎo.

Dàn dàduōshù Zhōngguórén hái bú tài xíguàn yòng yǔyán biǎodá zìjǐ. Hěn duō rén duìyú shuō zìjǐ de jiātíng qíngkuàng huò bǎ mìmì gàosu mòshēng rén gǎndào hěn bú shìyìng. Cǐwài, zài Zhōngguó, dàduōshù rén hái zhǐshì mángyú gōngzuò, méiyǒu shíjiān guānxīn qíngxù de wèntí. Jiùsuàn tāmen xiǎng jiějué qíngxù wèntí, hěn duō rén yě méiyǒu nénglì zhīfù měi xiǎoshí èrshí dào yìbǎi měiyuán de xīnlǐ zīxún fèiyòng.

Yí wèi shāngrén shuō: "Zhōngguórén jiēshòu de jiàoyù jiù shì, rúguǒ nǐ yǒu kùnnan, nǐ kěyǐ

以向父母寻求帮助；如果父母帮不了你，你只能自己承担。"中国政府的一项调查报告指出：心理问题已经成为威胁人们心理健康的首要难题，并且也对社会稳定造成了影响。2003年4月，中国颁布了心理咨询师国家职业标准，之后的8个月内，有2600名心理学家取得了心理咨询师职业资格。

尽管如此，中国在心理咨询方面的培训还是落后于西方国家。中国的心理咨询师在经过720小时的学习和实践后，就能通过考试。而在美国，要想成为心理咨询师，至少需要取得心理学硕士，还需要有导师指导的3000小时的实践经验。

不过，中国心理咨询行业面临的更大困难是如何创建一种适合中国文化的治疗方法。"西方的心理

中国人喜欢跳舞

寻求 xúnqiú
to ask for

承担 chéngdān
to assume

威胁 wēixié
to threaten

首要 shǒuyào
primary

难题 nántí
problem

颁布 bānbù
to issue

资格 zīgé
qualification

培训 péixùn
to cultivate, to train

硕士 shuòshì
master

导师 dǎoshī
adviser

面临 miànlín
to face

创建 chuàngjiàn
to found, to establish, to create

治疗 zhìliáo
to cure, to treat

xiàng fùmǔ xúnqiú bāngzhù; rúguǒ fùmǔ bāng bu liǎo nǐ, nǐ zhǐ néng zìjǐ chéngdān." Zhōngguó zhèngfǔ de yí xiàng diàochá bàogào zhǐchū: xīnlǐ wèntí yǐjīng chéngwéi wēixié rénmen xīnlǐ jiànkāng de shǒuyào nántí, bìngqiě yě duì shèhuì wěndìng zàochéngle yǐngxiǎng. Èr líng líng sān nián sìyuè, Zhōngguó bānbùle xīlǐ zīxúnshī guójiā zhíyè biāozhǔn, zhīhòu de bā ge yuè nèi, yǒu liǎngqiān liùbǎi míng xīnlǐxuéjiā qǔdéle xīnlǐ zīxúnshī zhíyè zīgé.

Jǐnguǎn rúcǐ, Zhōngguó zài xīnlǐ zīxún fāngmiàn de péixùn háishi luòhòu yú Xīfāng guójiā. Zhōngguó de xīnlǐ zīxúnshī zài jīngguò qībǎi èrshí xiǎoshí de xuéxí hé shíjiàn hòu, jiù néng tōngguò kǎoshì. Ér zài Měiguó, yào xiǎng chéngwéi xīnlǐ zīxúnshī, zhìshǎo xūyào qǔdé xīnlǐxué shuòshì, hái xūyào yǒu dǎoshī zhǐdǎo de sānqiān xiǎoshí de shíjiàn jīngyàn.

Búguò, Zhōngguó xīnlǐ xīxún hángyè miànlín de gèng dà kùnnan shì rúhé chuàngjiàn yì zhǒng shìhé Zhōngguó wénhuà de zhìliáo fāngfǎ. "Xīfāng de

心理咨询在中国热起来

学理论并不完全适合中国人和中国文化，不同文化背景的人考虑和处理问题的方式是不同的。"心理学专家王教授这样说。

60

背景　bèijǐng
background

中国人喜欢跳舞

我来写两句

xīnlǐxué lǐlùn bìng bù wánquán shìhé Zhōngguórén
hé Zhōngguó wénhuà, bù tóng wénhuà bèijǐng de
rén kǎolǜ hé chǔlǐ wèntí de fāngshì shì bù tóng de."
Xīnlǐxué zhuāngjiā Wáng jiàoshòu zhèyàng shuō.

Wǒ Lái Xiě Liǎng Jù

心理咨询在中国热起来

中国人喜欢跳舞

(1) 西方心理学为什么在中国受到欢迎?
Xīfāng xīnlǐxué wèi shénme zài Zhōngguó shòudào huānyíng?

(2) 面对社会对心理学人才的需要,中国高校采取了什么措施?
Miànduì shèhuì duì xīnlǐxué réncái de xūyào, Zhōngguó gāoxiào cǎiqǔle shénme cuòshī?

(3) 心理咨询对李先生有什么作用?
Xīnlǐ zīxún duì Lǐ xiānsheng yǒu shénme zuòyòng?

(4) 在中国,成为心理咨询师与西方有什么不同?
Zài Zhōngguó, chéngwéi xīnlǐ zīxúnshī yǔ Xīfāng yǒu shénme bù tóng?

(5) 王教授觉得西方的心理学理论怎么样?
Wáng jiàoshòu juéde Xīfāng de xīnlǐxué lǐlùn zěnmeyàng?

我来写两句

Zhōngguó Tán Bu Shang Xīhuà
中国谈不上西化

[Měiguó] Dèng Ānzhú

[美国] 邓 安竹

to Westernize

Yuèdú Tíshì:
阅读提示:

你觉得现在的中国受西方的影响大吗？中国主要在哪些方面受到西方的影响？作者认为中国还不太西化，一起看看他的理由是什么吧。

Nǐ juéde xiànzài de Zhōngguó shòu Xīfāng de yǐngxiǎng dà ma? Zhōngguó zhǔyào zài nǎxiē fāngmiàn shòudào Xīfāng de yǐngxiǎng? Zuòzhě rènwéi Zhōngguó hái bú tài xīhuà, yìqǐ kànkan tā de lǐyóu shì shénme ba.

改革开放的实行使很多西方文化进入中国，于是有人说中国西化了。真的是这样吗？先看一些生活中的事例吧。比如服装，我认识的
5 很多中国人在买衣服的时候，最重要的标准就是看它是不是名牌。在他们看来，服装的质量和牌子关系密切，特别是外国名牌，质量肯定没问题。也就是说，如果一条裤子
10 是美国一个名牌，那在质量上，它肯定比不是名牌或者比较便宜的中国名牌好得多。

再比如流行音乐，我常常听到中国人说起美国歌星的名字，而且
15 会唱他们的歌。他们认为外国音乐更好听。还有美国的大片儿，在中国也非常受欢迎。

另外，在饮食方面，美国的快餐麦当劳和肯德基在中国很受大人

中国人喜欢跳舞

改革开放
gǎigé kāifàng
reform and opening
to the world

事例 shìlì
example

服装 fúzhuāng
clothes

名牌 míngpái
famous brand

牌子 páizi
brand

流行 liúxíng
to be popular

歌星 gēxīng
singing star

大片儿 dàpiānr
event movie

饮食 yǐnshí
food and drink

快餐 kuàicān
fast food

麦当劳 Màidāngláo
McDonald's

肯德基 Kěndéjī
KFC

Gǎigé kāifàng de shíxíng shǐ hěn duō Xīfāng wénhuà jìnrù Zhōngguó, yúshì yǒu rén shuō Zhōngguó xīhuà le. Zhēn de shì zhèyàng ma? Xiān kàn yìxiē shēnghuó zhōng de shìlì ba. Bǐrú fúzhuāng, wǒ rènshi de hěn duō Zhōngguórén zài mǎi yīfu de shíhou, zuì zhòngyào de biāozhǔn jiù shì kàn tā shì bu shì míngpái. Zài tāmen kàn lái, fúzhuāng de zhìliàng hé páizi guānxi mìqiè, tèbié shì wàiguó míngpái, zhìliàng kěndìng méi wèntí. Yě jiù shì shuō, rúguǒ yì tiáo kùzi shì Měiguó yí ge míngpái, nà zài zhìliàng shang, tā kěndìng bǐ bú shì míngpái huòzhě bǐjiào piányi de Zhōngguó míngpái hǎo de duō.

Zài bǐrú liúxíng yīnyuè, wǒ chángcháng tīngdào Zhōngguórén shuōqǐ Měiguó gēxīng de míngzi, érqiě huì chàng tāmen de gē. Tāmen rènwéi wàiguó yīnyuè gèng hǎotīng. Hái yǒu Měiguó de dàpiānr, zài Zhōngguó yě fēicháng shòu huānyíng.

Lìngwài, zài yǐnshí fāngmiàn, Měiguó de kuàicān Màidāngláo hé Kěndéjī zài Zhōngguó hěn shòu dàren

中国谈不上西化

20　孩子的欢迎。虽然对中国人来说，

　　那里的东西并不便宜。我认识的很

　　多中国人都说那儿的东西不好吃，

　　也没什么营养，但他们还是经常

　　去。因为在他们看来，麦当劳、肯

25　德基是外国的饭馆，去那里表示自

　　己很现代、不落伍，同时也表示自

　　己吃得起外国饭。

落伍 luò wǔ
to become outdated

　　　　也许有人会说，你看，从穿

　　的、吃的到听的、看的，都可以证

30　明中国正在西化。但我认为，中国

　　的西化只是表面上的，实际上，中

实际上 shíjìshang
actually

　　国人并没有被西方文化改变。也许

　　可以说，是中国人改变了西方的东

　　西，使它们符合自己的要求。比

35　如，中国人对家庭和家人的责任跟

家人 jiārén
family members

　　美国人还是完全不一样。我认识的

　　很多中国年轻人虽然不愿意听父母

　　的建议，但他们还是打算照顾父

háizi de huānyíng. Suīrán duì Zhōngguórén lái shuō, nàli de dōngxi bìng bù piányi. Wǒ rènshi de hěn duō Zhōngguórén dōu shuō nàr de dōngxi bù hǎochī, yě méi shénme yíngyǎng, dàn tāmen háishi jīngcháng qù. Yīnwèi zài tāmen kàn lái, Màidāngláo、Kěndéjī shì wàiguó de fànguǎn, qù nàli biǎoshì zìjǐ hěn xiàndài、bú luòwǔ, tóngshí yě biǎoshì zìjǐ chī de qǐ wàiguó fàn.

Yěxǔ yǒu rén huì shuō, nǐ kàn, cóng chuān de、chī de dào tīng de、kàn de, dōu kěyǐ zhèngmíng Zhōngguó zhèngzài xīhuà. Dàn wǒ rènwéi, Zhōngguó de xīhuà zhǐshì biǎomiàn shang de, shíjìshang, Zhōngguórén bìng méiyou bèi Xīfāng wénhuà gǎibiàn. Yěxǔ kěyǐ shuō, shì Zhōngguórén gǎibiànle Xīfāng de dōngxi, shǐ tāmen fúhé zìjǐ de yāoqiú. Bǐrú, Zhōngguórén duì jiātíng hé jiārén de zérèn gēn Měiguórén háishi wánquán bù yíyàng. Wǒ rènshi de hěn duō Zhōngguó niánqīng rén suīrán bú yuànyì tīng fùmǔ de jiànyì, dàn tāmen háishi dǎsuan

中国谈不上西化

母;尽管不少人不愿意生孩子,但
40 是90%以上的中国人还是会选择结
婚,而不会像美国年轻人那样只是
同居。在生活上,对中国人最重要
的还是他们的家庭。

所以我认为,中国人的价值观
45 的确和30年前不一样了,不过也不
会变成跟西方一样。

同居 tóngjū
to cohabit

价值观 jiàzhíguān
value

中国人喜欢跳舞

我来写两句

zhàogù fùmǔ; jǐnguǎn bù shǎo rén bú yuànyì shēng háizi, dànshì bǎi fēnzhī jiǔshí yǐshàng de Zhōngguórén háishi huì xuǎnzé jiéhūn, ér bú huì xiàng Měiguó niánqīng rén nàyàng zhǐshì tóngjū. Zài shēnghuó shang, duì Zhōngguórén zuì zhòngyào de háishi tāmen de jiātíng.

Suǒyǐ wǒ rènwéi, Zhōngguórén de jiàzhíguān díquè hé sānshí nián qián bù yíyàng le, búguò yě bú huì biànchéng gēn Xīfāng yíyàng.

中国谈不上西化

Wǒ Lái Xiě Liǎng Jù

(1) 为什么很多人说中国西化了?
Wèi shénme hěn duō rén shuō Zhōngguó xīhuà le?

(2) 很多中国人买衣服看重什么?
Hěn duō Zhōngguórén mǎi yīfu kànzhòng shénme?

(3) 中国人对麦当荣和肯德基的态度怎么样?
Zhōngguórén duì Màidāngláo hé Kěndéjī de tàidu zěnme-yàng?

(4) 中国人和美国人对家庭和家人的责任有什么不同?
Zhōngguórén hé Měiguórén duì jiātíng hé jiārén de zérèn yǒu shénme bù tóng?

中国人喜欢跳舞

我来写两句

time: 6 mins
words: 619

9

Ruìshìrén　　Chóngxīn　Rènshi　Zhōngguó

瑞士人重新认识中国

↳ Switzerland

Liú Jūn
刘 军

Yuèdú Tíshì:
阅读提示：

liúxíng, to be popular ←

　　作者第二次去瑞士时，发现中国的语言、文化在瑞士越来越流行，了解中国的人也越来越多，你们国家也有这样的变化吗？你觉得为什么会有这样的现象？

　　Zuòzhě dì èr cì qù Ruìshì shí, fāxiàn Zhōngguó de yǔyán、wénhuà zài Ruìshì yuè lái yuè liúxíng, liǎojiě Zhōngguó de rén yě yuè lái yuè duō, nǐmen guójiā yě yǒu zhèyàng de biànhuà ma? Nǐ juéde wèi shénme huì yǒu zhèyàng de xiànxiàng?

今年，我第二次到瑞士，这里的自然环境没有变，城市面貌也没有变，但瑞士人对中国的认识已发生了很大改变。

5　第一天我到一个地方，门口警卫的第一句话是中文"你好"，而过去，他们常常先问我是不是日本人。如果说前些年，瑞士学中文的人还只是在一些大学的话，那么

10　现在，全社会都在学中文。我女儿第一天上幼儿园回家就高兴地说："我不用学法语了，老师会说中国话。"原来女儿的老师因为常在报纸、电视上看到中国的报道，就学

15　了几句中文问候语，这种事在几年前是不可能的。

还有一次，我们全家在湖边散步，一位女士听到我们说中文，就主动用不太熟练的中文和我们谈起

警卫 jǐngwèi
guard

幼儿园 yòu'éryuán
kindergarten

中国人喜欢跳舞

Jīnnián, wǒ dì èr cì dào Ruìshì, zhèli de zìrán huánjìng méiyou biàn, chéngshì miànmào yě méiyou biàn, dàn Ruìshìrén duì Zhōngguó de rènshi yǐ fāshēngle hěn dà gǎibiàn.

Dì yī tiān wǒ dào yí ge dìfang, ménkǒu jǐngwèi de dì yī jù huà shì Zhōngwén "nǐ hǎo", ér guòqù, tāmen chángcháng xiān wèn wǒ shì bu shì Rìběnrén. Rúguǒ shuō qián xiē nián, Ruìshì xué Zhōngwén de rén hái zhǐshì zài yìxiē dàxué dehuà, nàme xiànzài, quán shèhuì dōu zài xué Zhōngwén. Wǒ nǚ'ér dì yī tiān shàng yòu'éryuán huí jiā jiù gāoxìng de shuō: "Wǒ búyòng xué Fǎyǔ le, lǎoshī huì shuō Zhōngguóhuà." Yuánlái nǚ'ér de lǎoshī yīnwèi cháng zài bàozhǐ、diànshì shang kàndào Zhōngguó de bàodào, jiù xuéle jǐ jù Zhōngwén wènhòuyǔ, zhè zhǒng shì zài jǐ nián qián shì bù kěnéng de.

Hái yǒu yí cì, wǒmen quán jiā zài hú biān sànbù, yí wèi nǚshì tīngdào wǒmen shuō Zhōngwén, jiù zhǔdòng yòng bú tài shúliàn de Zhōngwén hé wǒmen

瑞士人重新认识中国

来。她说，她是一名护士，对中国
文化和中医很感兴趣，从去年开始
自学中文。当我们半个小时后转回
来，发现她还在刚才见面的地方等
我们，并将名片递给我们，希望今
25 后有机会再用中文聊天。

　　梅乐（Mailer）女士是一家大
饭店的经理。她在几年前开始学习
中文，看中国中央电视台的节目。
现在，她不仅能用中文聊天，还能
30 用中文写简单的信。

　　1998年6月，瑞士汉学家白鹄
建立了瑞士第一个全面介绍中国的
网站（www.sinoptic.ch），为在瑞
士的中国人和希望了解中国的瑞士
35 人提供服务。这个网站一直在不断
发展、扩大，目前已有1200多个网
页，并已走出瑞士，成为国际性网
站。

中医 zhōngyī
traditional Chinese
medicine

名片 míngpiàn
name card

中国中央电视台
Zhōngguó Zhōngyāng
Diànshìtái
CCTV

汉学 hànxué
sinology

网站 wǎngzhàn
website

网页 wǎngyè
web page

中国人喜欢跳舞

tán qilai. Tā shuō, tā shì yì míng hùshi, duì Zhōngguó wénhuà hé zhōngyī hěn gǎn xìngqù, cóng qùnián kāishǐ zìxué Zhōngwén. Dāng wǒmen bàn ge xiǎoshí hòu zhuàn huilai, fāxiàn tā hái zài gāngcái jiànmiàn de dìfang děng wǒmen, bìng jiāng míngpiàn dì gěi wǒmen, xīwàng jīnhòu yǒu jīhuì zài yòng Zhōngwén liáotiān.

Méilè nǚshì shì yì jiā dà fàndiàn de jīnglǐ. Tā zài jǐ nián qián kāishǐ xuéxí Zhōngwén, kàn Zhōngguó Zhōngyāng Diànshìtái de jiémù. Xiànzài, tā bùjǐn néng yòng Zhōngwén liáotiān, hái néng yòng Zhōngwén xiě jiǎndān de xìn.

Yī jiǔ jiǔ bā nián liùyuè, Ruìshì hànxuéjiā Bái Hú jiànlìle Ruìshì dì yī ge quánmiàn jièshào Zhōngguó de wǎngzhàn, wèi zài Ruìshì de Zhōngguórén hé xīwàng liǎojiě Zhōngguó de Ruìshìrén tígōng fúwù. Zhège wǎngzhàn yìzhí zài búduàn fāzhǎn、kuòdà, mùqián yǐ yǒu yìqiān èrbǎi duō ge wǎngyè, bìng yǐ zǒuchū Ruìshì, chéngwéi guójìxìng wǎngzhàn.

通过学习中文，越来越多的
40 瑞士人开始深入了解中国。对他们
来说，中国的**美妙**已不仅仅是中餐
和功夫了。"历史"、"文化"、"发
展"是我近来听到最多的有关中国
的词语。对于瑞士人来说，中国已
45 不再是"**遥远**而**神秘**的国家"，中
国就在他们身边。

美妙　měimiào
wonderful

遥远　yáoyuǎn
distant

神秘　shénmì
mysterious

中国人喜欢跳舞

我来写两句

Tōngguò xuéxí Zhōngwén, yuè lái yuè duō de Ruìshìrén kāishǐ shēnrù liǎojiě Zhōngguó. Duì tāmen lái shuō, Zhōngguó de měimiào yǐ bù jǐnjǐn shì zhōngcān hé gōngfu le. "Lìshǐ"、"wénhuà"、"fāzhǎn" shì wǒ jìnlái tīngdào zuì duō de yǒuguān Zhōngguó de cíyǔ. Duìyú Ruìshìrén lái shuō, Zhōngguó yǐ bú zài shì "yáoyuǎn ér shénmì de guójiā", Zhōngguó jiù zài tāmen shēnbiān.

瑞士人重新认识中国

Wǒ Lái Xiě Liǎng Jù

(1) "我" 第二次到瑞士，发现了什么变化?
"Wǒ" dì èr cì dào Ruìshì, fāxiànle shénme biànhuà?

(2) "我" 女儿从幼儿园回来，为什么很高兴?
"Wǒ" nǚ'ér cóng yòu'éryuán huílai, wèi shénme hěn gāo-
xìng?

(3) "我们" 全家在湖边散步时，发生了一件什么事情?
"Wǒmen" quán jiā zài hú biān sànbù shí, fāshēngle yí jiàn
shéme shìqing?

(4) 瑞士汉学家白鹄建立了一个什么网站?
Ruìshì hànxuéjiā Bái Hú jiànlìle yí ge shénme wǎngzhàn?

中国人喜欢跳舞

我来写两句

Zhōngguó de Biànhuà
中国的变化

Ràng Ruìshì Dàmā Chījīng
让瑞士大妈吃惊

Switzerland ← → old lady

Dǒng Zhè
董柘

Yuèdú Tíshì:
阅读提示:

马尼亚（Mania）是一位瑞士大妈，她曾经在20世纪80年代和90年代两次来过中国，她觉得中国发生了很大的变化，大得让她吃惊。都有哪些变化呢？看看下面的故事，你就会了解中国近年来的变化了。

Mǎníyà shì yí wèi Ruìshì dàmā, tā céngjīng zài èrshí shìjì bāshí niándài hé jiǔshí niándài liǎng cì láiguo Zhōngguó, tā juéde Zhōngguó fāshēngle hěn dà de biànhuà, dà de ràng tā chījīng. Dōu yǒu nǎxiē biànhuà ne? Kànkan xiàmian de gùshi, nǐ jiù huì liǎojiě Zhōngguó jìn nián lái de biànhuà le.

马尼亚老太太是我刚到瑞士时的语言家庭教师，这位已经70多岁的瑞士老人对中国有着一种特殊的感情。从20世纪70年代开始，她就

5　与在瑞士的许多中国记者有了深厚的友谊，像一位朋友或母亲一般关心着他们。在她的家中挂满了记者朋友送的中国纪念品。

纪念品 jìniànpǐn
souvenir, keepsake

20世纪80年代末和90年代末，

10　马尼亚老太太先后两次到中国旅游，每次都住近一个月的时间。她去过中国的许多城市，说起中国这十多年发生的变化，老太太说："中国的发展真是太快了！"

旅游 lǚyóu
to travel, to tour

15　马尼亚老太太第一次到中国旅游是在1988年。那时候，中国虽然已经实行了改革开放，但外国人在中国生活还很不方便。钱的问题就让老太太十分头疼，她拿瑞士法郎

改革开放
gǎigé kāifàng
reform and opening to the world

头疼 tóuténg
headache

法郎 fǎláng
franc

Mǎníyà lǎotàitai shì wǒ gāng dào Ruìshì shí de yǔyán jiātíng jiàoshī, zhè wèi yǐjīng qīshí duō suì de Ruìshì lǎorén duì Zhōngguó yǒuzhe yì zhǒng tèshū de gǎnqíng. Cóng èrshí shìjì qīshí niándài kāishǐ, tā jiù yǔ zài Ruìshì de xǔduō Zhōngguó jìzhě yǒule shēnhòu de yǒuyì, xiàng yí wèi péngyou huò mǔqin yìbān guānxīnzhe tāmen. Zài tā de jiā zhōng guàmǎnle jìzhě péngyou sòng de Zhōngguó jìniànpǐn.

Èrshí shìjì bāshí niándài mò hé jiǔshí niándài mò, Mǎníyà lǎotàitai xiānhòu liǎng cì dào Zhōngguó lǚyóu, měi cì dōu zhù jìn yí ge yuè de shíjiān. Tā qùguo Zhōngguó de xǔduō chéngshì, shuōqi Zhōngguó zhè shí duō nián fāshēng de biànhuà, lǎotàitai shuō: "Zhōngguó de fāzhǎn zhēn shì tài kuài le!"

Mǎníyà lǎotàitai dì yī cì dào Zhōngguó lǚyóu shì zài yī jiǔ bā bā nián. Nà shíhou, Zhōngguó suīrán yǐjīng shíxíngle gǎigé kāifàng, dàn wàiguórén zài Zhōngguó shēnghuó hái hěn bù fāngbiàn. Qián de wèntí jiù ràng lǎotàitai shífēn tóuténg, tā ná Ruìshì fǎláng huàndào de

中国的变化让瑞士大妈吃惊

20 换到的不是人民币，而是兑换券，
许多街头小店的店主不收，老太太
只能在友谊商店这样的大商场使
用。好在老太太有不少中国朋友，
可以陪她在小店买东西，在街头吃
25 小吃。

她第一次到中国旅游，列车
员竟然不知道瑞士在什么地方。在
火车上，老太太同两个美国人坐在
一起，列车员问他们从哪儿来。
30 老太太说："我从瑞士来。"列车
员摇摇头，表示不知道在什么地
方。最后，看着两位美国朋友，
她只好说："美国！"列车员终于
听懂了，在登记本上也同样写下了
35 "美国"两个字。

第一次在中国旅游，除了自
己的朋友外，马尼亚老太太竟然没
碰到其他会讲法语的中国人。但

中国人喜欢跳舞

兑换券
duìhuànquàn
foreign exchange
certificate

街头 jiētóu
street

只能 zhǐ néng
to have to

友谊商店
Yǒuyì Shāngdiàn
Friendship Store

好在 hǎozài
fortunately

小吃 xiǎochī
snack

列车员 lièchēyuán
attendant on a train

竟然 jìngrán
to one's surprise

bú shì rénmínbì, ér shì duìhuànquàn, xǔduō jiētóu
xiǎo diàn de diànzhǔ bù shōu, lǎotàitai zhǐ néng zài
Yǒuyì Shāngdiàn zhèyàng de dà shāngchǎng shǐyòng.
Hǎozài lǎotàitai yǒu bù shǎo Zhōngguó péngyou,
kěyǐ péi tā zài xiǎo diàn mǎi dōngxi, zài jiētóu chī
xiǎochī.

Tā dì yī cì dào Zhōngguó lǚyóu, lièchēyuán
jìngrán bù zhīdào Ruìshì zài shénme dìfang. Zài
huǒchē shang, lǎotàitai tóng liǎng ge Měiguórén zuò
zài yìqǐ, lièchēyuán wèn tāmen cóng nǎr lái. Lǎotàitai
shuō: "Wǒ cóng Ruìshì lái." Lièchēyuán yáoyao
tóu, biǎoshì bù zhīdào zài shénme dìfang. Zuìhòu,
kànzhe liǎng wèi Měiguó péngyou, tā zhǐhǎo shuō:
"Měiguó!" Lièchēyuán zhōngyú tīngdǒng le, zài
dēngjìběn shang yě tóngyàng xiěxiale "Měiguó" liǎng
ge zì.

Dì yī cì zài Zhōngguó lǚyóu, chúle zìjǐ de
péngyou wài, Mǎníyà lǎotàitai jìngrán méi pèngdào
qítā huì jiǎng Fǎyǔ de Zhōngguórén. Dàn tā yī jiǔ jiǔ

中国的变化让瑞士大妈吃惊

她1999年第二次到中国的时候，会
40 说法语的中国人已经很多，她第一
天在饭店里就听到有中国人在说法
语。老太太觉得很亲切，于是就请
这个人帮她安排旅游。

两次来中国，马尼亚老太太还
45 看到了朋友们在物质生活上发生的
变化。第一次来中国，许多朋友家
里都没有车，朋友需要向单位申请
出车接待。而第二次来中国，朋友
已经有了自己的车。

50 中国现在几乎每天都在变化，
马尼亚老太太无数次感叹："你看
大街上的建筑，变化可真大！中国
现在跟西方发达国家相比，一点儿
都不差。"

申请　shēnqǐng
to apply

出车　chū chē
to dispatch a vehicle

感叹　gǎntàn
to sigh with emotion

发达国家
fādá guójiā
developed countries

相比　xiāng bǐ
to compare with

中国人喜欢跳舞

jiǔ nián dì èr cì dào Zhōngguó de shíhou, huì shuō
Fǎyǔ de Zhōngguórén yǐjīng hěn duō, tā dì yī tiān zài
fàndiàn li jiù tīngdào yǒu Zhōngguórén zài shuō Fǎyǔ.
Lǎotàitai juéde hěn qīnqiè, yúshì jiù qǐng zhège rén
bāng tā ānpái lǚyóu.

　　Liǎng cì lái Zhōngguó, Mǎníyà lǎotàitai hái
kàndàole péngyoumen zài wùzhì shēnghuó shang
fāshēng de biànhuà. Dì yī cì lái Zhōngguó, xǔduō
péngyou jiāli dōu méiyǒu chē, péngyou xūyào
xiàng dānwèi shēnqǐng chūchē jiēdài. Ér dì èr cì lái
Zhōngguó, péngyou yǐjīng yǒule zìjǐ de chē.

　　Zhōngguó xiànzài jīhū měi tiān dōu zài biànhuà,
Mǎníyà lǎotàitai wúshù cì gǎntàn: "Nǐ kàn dàjiē shang
de jiànzhù, biànhuà kě zhēn dà! Zhōngguó xiànzài
gēn Xīfāng fādá guójiā xiāng bǐ, yìdiǎnr dōu bú chà."

中国的变化让瑞士大妈吃惊

(1) 马尼亚老太太是什么时候到中国旅游的？
Mǎníyà lǎotàitai shì shénme shíhou dào Zhōngguó lǚyóu de?

(2) 第一次到中国的时候，马尼亚老太太遇到什么钱的问题？
Dì yī cì dào Zhōngguó de shíhou, Mǎníyà lǎotàitai yùdào shénme qián de wèntí?

(3) 第一次到中国的时候，马尼亚老太太在火车上遇到什么问题？她是怎么解决的？
Dì yī cì dào Zhōngguó de shíhou, Mǎníyà lǎotàitai zài huǒchē shang yùdào shénme wèntí? Tā shì zěnme jiějué de?

(4) 第二次到中国的时候，马尼亚老太太发现了什么变化？
Dì èr cì dào Zhōngguó de shíhou, Mǎníyà lǎotàitai fāxiànle shénme biànhuà?

中国人喜欢跳舞

我来写两句

Guóqìng Huángjīnzhōu Jǐwàn Duì Jiéhūn
国庆 黄金周 几万对结婚

→ National Day   → golden week

[Měiguó] Jímǔ Yǎdélì
[美国] 吉姆·雅德利

Sòng Niànshēn yì
宋 念申 译

Yuèdú Tíshì:
阅读提示：

wánshàn, to perfect ←
fǎ, law ←

中国人一直喜欢在国庆期间结婚。随着《婚姻法》的不断完善，中国的婚姻登记过程越来越简单了。你知道和过去相比，现在的婚姻登记都有哪些变化吗？一起看看下面的文章吧。

xiāng bǐ, to compare with ←

Zhōngguórén yìzhí xǐhuan zài guóqìng qījiān jiéhūn. Suízhe
《Hūnyīn Fǎ》 de búduàn wánshàn, Zhōngguó de hūnyīn dēngjì
guòchéng yuè lái yuè jiǎndān le. Nǐ zhīdao hé guòqù xiāng bǐ, xiànzài
de hūnyīn dēngjì dōu yǒu nǎxiē biànhuà ma? Yìqǐ kànkan xiàmian de
wénzhāng ba.

秋天一直是中国人结婚的季节，选择在国庆黄金周结婚的人更是特别多。有消息说，在北京，超过2000对新人在10月1日那天登记结婚，全国范围内，总共有几万对。有些人从早上5点就开始在婚姻登记处等待了。

2003年新《婚姻法》颁布，结束了两项以前的结婚要求：健康证明和单位开的单身证明。这个变化打破了单位的控制，使结婚登记的过程更加简单了。

中国人民大学的李教授说："过去是单位控制一切，不只是婚姻，包括买火车票和房子等所有一切。现在，控制被打破。法律的调整只是适应了这样的变化。"

对于以前的《婚姻法》，人们抱怨最多的就是过程麻烦。要办单

新人 xīnrén
newly-wed couple

总共 zǒnggòng
altogether

婚姻登记处
Hūnyīn Dēngjìchù
marriage registry

颁布 bānbù
to issue

单身 dānshēn
single

打破 dǎpò
to break

中国人民大学
Zhōngguó Rénmín
Dàxué
Renmin University of
China

抱怨 bàoyuan
to complain

中国人喜欢跳舞

84

Qiūtiān yìzhí shì Zhōngguórén jiéhūn de jìjié, xuǎnzé zài guóqìng huángjīnzhōu jiéhūn de rén gèng shì tèbié duō. Yǒu xiāoxi shuō, zài Běijīng, chāoguò liǎngqiān duì xīnrén zài shíyuè yī rì nà tiān dēngjì jiéhūn, quán guó fànwéi nèi, zǒnggòng yǒu jǐwàn duì. Yǒuxiē rén cóng zǎoshang wǔ diǎn jiù kāishǐ zài Hūnyīn Dēngjìchù děngdài le.

Èr líng líng sān nián xīn 《Hūnyīn Fǎ》 bānbù, jiéshùle liǎng xiàng yǐqián de jiéhūn yāoqiú: jiànkāng zhèngmíng hé dānwèi kāi de dānshēn zhèngmíng. Zhège biànhuà dǎpòle dānwèi de kòngzhì, shǐ jiéhūn dēngjì de guòchéng gèngjiā jiǎndān le.

Zhōngguó Rénmín Dàxué de Lǐ jiàoshòu shuō: "Guòqù shì dānwèi kòngzhì yíqiè, bù zhǐshì hūnyīn, bāokuò mǎi huǒchēpiào hé fángzi děng suǒyǒu yíqiè. Xiànzài, kòngzhì bèi dǎpò. Fǎlǜ de tiáozhěng zhǐshì shìyìngle zhèyàng de biànhuà."

Duìyú yǐqián de 《Hūnyīn Fǎ》, rénmen bàoyuan zuì duō de jiù shì guòchéng máfan. Yào bàn dānshēn

国庆黄金周几万对结婚

20 身证明、健康证明，填表格需要花
3天时间。"我觉得这个过程本身很
讨厌、很麻烦。"32岁的新郎侯先
生说。

　　婚姻登记处的于女士表示，新
25 《婚姻法》不但调动了想要结婚的
人的情绪，也调动了负责婚姻登记
的员工们的情绪。她说："以前我
们总要听很多抱怨，现在不但工作
效率提高了，而且工作气氛也变愉
30 快了。"

　　自2007年，很多大城市，如北
京、上海、广州等，都开始提供婚
姻登记网上预约服务。有了网上预
约服务，新人们就不用再早起到婚
35 姻登记处排队了。新人可以提前两
个工作日上网申请，预约成功后凭
预约单在约定的时间到婚姻登记处
办理手续，这样大大减少了办理婚
姻登记的等候时间。

表格　biǎogé
form

新郎　xīnláng
bridegroom

调动　diàodòng
to inspire

员工　yuángōng
employee

气氛　qìfēn
atmosphere

广州　Guǎngzhōu
Guangzhou (capital of
Guangdong Province)

网上　wǎng shang
online

预约　yùyuē
to reserve

工作日　gōngzuòrì
working day

上网　shàng wǎng
to go online

申请　shēnqǐng
to apply

凭　píng
to base on

约定　yuēdìng
to appoint

办理　bànlǐ
to handle, to transact

等候　děngdòu
to wait

中国人喜欢跳舞

zhèngmíng、jiànkāng zhèngmíng，tián biǎogé xūyào huā sān tiān shíjiān. "Wǒ juéde zhège guòchéng běnshēn hěn tǎoyàn、hěn máfan." Sānshí'èr suì de xīnláng Hóu xiānsheng shuō.

Hūnyīn Dēngjìchù de Yú nǚshì biǎoshì，xīn《Hūnyīn Fǎ》búdàn diàodòngle xiǎng yào jiéhūn de rén de qíngxù，yě diàodòngle fùzé hūnyīn dēngjì de yuángōngmen de qíngxù. Tā shuō："Yǐqián wǒmen zǒng yào tīng hěn duō bàoyuan，xiànzài búdàn gōngzuò xiàolǜ tígāo le，érqiě gōngzuò qìfēn yě biàn yúkuài le".

Zì èr líng líng qī nián，hěn duō dà chéngshì，rú Běijīng、Shànghǎi、Guǎngzhōu děng，dōu kāishǐ tígōng hūnyīn dēngjì wǎng shang yùyuē fúwù. Yǒule wǎng shang yùyuē fúwù，xīnrénmen jiù búyòng zài zǎo qǐ dào Hūnyīn Dēngjìchù páiduì le. Xīnrén kěyǐ tíqián liǎng ge gōngzuòrì shàngwǎng shēnqǐng，yùyuē chénggōng hòu píng yùyuēdān zài yuēdìng de shíjiān dào Hūnyīn Dēngjìchù bànlǐ shǒuxù，zhèyàng dàdà jiǎnshǎole bànlǐ hūnyīn dēngjì de děnghòu shíjiān.

国庆黄金周几万对结婚

40　　　另外，2009年起，很多城市的
婚姻登记处每周还增加了一天周末
办公时间，从原来的周一到周五改
为周一到周六办公，这样新人们就
不用像以前一样必须跟单位请假才
45能办理结婚手续了。

　　　看来，随着社会的不断发展，
人们结婚越来越方便了。

周末 zhōumò
weekend

随着 suízhe
along with

中国人喜欢跳舞

我来写两句

_____

_____

_____

_____

_____

Lìngwài, èr líng líng jiǔ nián qǐ, hěn duō chéngshì de Hūnyīn Dēngjìchù měi zhōu hái zēngjiāle yì tiān zhōumò bàngōng shíjiān, cóng yuánlái de zhōuyī dào zhōuwǔ gǎi wéi zhōuyī dào zhōuliù bàngōng, zhèyàng xīnrénmen jiù búyòng xiàng yǐqián yíyàng bìxū gēn dānwèi qǐngjià cái néng bànlǐ jiéhūn shǒuxù le.

Kànlái, suízhe shèhuì de búduàn fāzhǎn, rénmen jiéhūn yuè lái yuè fāngbiàn le.

国庆黄金周几万对结婚

Wǒ Lái Xiě Liǎng Jù

(1) 2003年的新《婚姻法》有什么新变化？

Èr líng líng sān nián de xīn 《Hūnyīn Fǎ》 yǒu shénme xīn biànhuà?

(2) 对于以前的《婚姻法》，人们抱怨最多的是什么？

Duìyú yǐqián de 《Hūnyīn Fǎ》, rénmen bàoyuan zuì duō de shì shénme?

(3) 婚姻登记处的于女士认为，新《婚姻法》带来了什么变化？

Hūnyīn Dēngjìchù de Yú nǚshì rènwéi, xīn 《Hūnyīn Fǎ》 dàilaile shénme biànhuà?

(4) 2007年和2009年婚姻登记处提供了什么新的服务？

Èr líng líng qī nián hé èr líng líng jiǔ nián Hūnyīn Dēngjìchù tígōngle shénme xīn de fúwù?

中国人喜欢跳舞

我来写两句

_____

_____

_____

_____

Búyù,　Bú Zài Xiūchǐ

不育，不再羞耻

→ to be infertile　　　→ shame

[Měiguó] Kǎilún Mǎzǔkēwéikè
[美国] 凯伦·马祖科维克

Qí Xīnyù　yì
齐新玉 译

Yuèdú Tíshì:
阅读提示：

在过去，中国人认为不能生孩子是件很羞耻的事情，但是现在完全改变了，不能生孩子不再是羞耻的事情。为什么会有这种改变呢？请看下面的文章。

Zài guòqù, Zhōngguórén rènwéi bù néng shēng háizi shì jiàn hěn xiūchǐ de shìqing, dànshì xiànzài wánquán gǎibiàn le, bù néng shēng háizi bú zài shì xiūchǐ de shìqing. Wèi shénme huì yǒu zhè zhǒng gǎibiàn ne? Qǐng kàn xiàmian de wénzhāng.

多年来，眼看着朋友和亲戚都有了健康的孩子，青年夫妇郑女士和徐先生非常着急。像大多数中国夫妇一样，他们越来越多地受到来

5　自家庭的压力。28岁的郑女士说："我们的父母总是不停地问，你们为什么不要个孩子？"前不久，徐先生在报纸上看到一篇有关体外受精生育的文章，于是，他和妻子去

10　医院支付了大约3600美元的费用，接受了这项治疗，现在他们的孩子已经快要出生了。

　　像他们这样的不育夫妻在中国还有很多。而且随着社会的快

15　速发展，人们的生活节奏越来越快、工作压力越来越大，吸烟、喝酒、生活不规律等不健康的生活方式，以及不断加剧的环境污染，导致不育的夫妻越来越多。据统计，

夫妇 fūfù
husband and wife

压力 yālì
pressure

不停 bùtíng
constantly

体外受精
tǐwài shòujīng
external fertilizaton

生育 shēngyù
to give birth to

支付 zhīfù
to pay (money)

治疗 zhìliáo
to treat, to cure

随着 suízhe
along with

快速 kuàisù
rapid

节奏 jiézòu
pace

加剧 jiājù
to intensity

导致 dǎozhì
to lead to

据 jù
according to

统计 tǒngjì
statistics

92

Duō nián lái, yǎnkànzhe péngyou hé qīnqi dōu yǒule jiànkāng de háizi, qīngnián fūfù Zhèng nǔshì hé Xú xiānsheng fēicháng zháojí. Xiàng dàduōshù Zhōngguó fūfù yíyàng, tāmen yuè lái yuè duō de shòudào lái zì jiātíng de yālì. Èrshíbā suì de Zhèng nǔshì shuō: "Wǒmen de fùmǔ zǒngshì bùtíng de wèn, nǐmen wèi shénme bú yào ge háizi?" Qián bùjiǔ, Xú xiānsheng zài bàozhǐ shang kàndào yì piān yǒuguān tǐwài shòujīng shēngyù de wénzhāng, yúshì, tā hé qīzi qù yīyuàn zhīfùle dàyuē sānqiān liùbǎi měiyuán de fèiyòng, jiēshòule zhè xiàng zhìliáo, xiànzài tāmen de háizi yǐjīng kuàiyào chūshēng le.

Xiàng tāmen zhèyàng de búyù fūqī zài Zhōngguó hái yǒu hěn duō. Érqiě suízhe shèhuì de kuàisù fāzhǎn, rénmen de shēnghuó jiézòu yuè lái yuè kuài, gōngzuò yālì yuè lái yuè dà, xīyān, hējiǔ, shēnghuó bù guīlǜ děng bú jiànkāng de shēnghuó fāngshì, yǐjí búduàn jiājù de huánjìng wūrǎn, dǎozhì búyù de fūqī yuè lái yuè duō. Jù tǒngjì, mùqián Zhōngguó de búyù

不育，不再羞耻

20 目前中国的不育人数约占总人口的
12.5%~15%。因此，在中国治疗不
育的需求很大。

中国传统文化重视家庭价值
和生育，不育被看做家丑，不能让
25 别人知道。但现在，这种情况已经
改变了。北京大学第三医院的张医
生说："在中国传统观念里，不育
曾经是非常羞耻的事，但现在人们
思想变了。"同时，治疗不育的现
30 代医疗手段也逐步被人们所接受。
更重要的是，中国迅速发展的经济
使人们能够支付比较昂贵的治疗费
用。张医生说："这一切都与经济
发展有关系，经济增长了，医疗手
35 段才能迅速被接受。"

1989年，广州开办了中国第一
家治疗不育的诊所。随后，各类不
育诊所纷纷成立，目前全国已有上

家丑 jiāchǒu
family scandal

北京大学第三医院
Běijīng Dàxué Dì Sān
Yīyuàn
Peking University
Third Hospital

医疗 yīliáo
medical treatment

昂贵 ángguì
expensive, costly

广州 Guǎngzhōu
Guangzhou (capital of
Guangdong Province)

开办 kāibàn
to start or run (a factory,
school, store, hospital,
etc.)

随后 suíhòu
after that

中国人喜欢跳舞

rénshù yuē zhàn zǒng rénkǒu de bǎi fēnzhī shí'èr diǎn wǔ dào bǎi fēnzhī shíwú. Yīncǐ, zài Zhōngguó zhìliáo búyù de xūqiú hěn dà.

Zhōngguó chuántǒng wénhuà zhòngshì jiātíng jiàzhí hé shēngyù, búyù bèi kànzuò jiāchǒu, bù néng ràng biéren zhīdao. Dàn xiànzài, zhè zhǒng qíngkuàng yǐjīng gǎibiàn le. Běijīng Dàxué Dì Sān Yīyuàn de Zhāng yīshēng shuō: "Zài Zhōngguó chuántǒng guānniàn li, búyù céngjīng shì fēicháng xiūchǐ de shì, dàn xiànzài rénmen sīxiǎng biàn le." Tóngshí, zhìliáo búyù de xiàndài yīliáo shǒuduàn yě zhúbù bèi rénmen suǒ jiēshòu. Gèng zhòngyào de shì, Zhōngguó xùnsù fāzhǎn de jīngjì shǐ rénmen nénggòu zhīfù bǐjiào ángguì de zhìliáo fèiyòng. Zhāng yīshēng shuō: "Zhè yíqiè dōu yǔ jīngjì fāzhǎn yǒu guānxi, jīngjì zēngzhǎng le, yīliáo shǒuduàn cái néng xùnsù bèi jiēshòu."

Yī jiǔ bā jiǔ nián, Guǎngzhōu kāibànle Zhōngguó dì yī jiā zhìliáo búyù de zhěnsuǒ. Suíhòu, gè lèi búyù zhěnsuǒ fēnfēn chénglì, mùqián quán guó yǐ yǒu

不育，不再羞耻

百家。北京大学第三医院的张医生
40 说，一些诊所正是看中了赢利能力
和发展潜力，才纷纷进入这个市场
的。

看中 kànzhòng
to take a fancy to

赢利 yínglì
to earn a profit, to
make a profit

潜力 qiánlì
potential

中国人喜欢跳舞

我来写两句

shàng bǎi jiā. Běijīng Dàxué Dì Sān Yīyuàn de Zhāng
yīshēng shuō, yìxiē zhěnsuǒ zhèng shì kànzhòngle
yínglì nénglì hé fāzhǎn qiánlì, cái fēnfēn jìnrù zhège
shìchǎng de.

Wǒ Lái Xiě Liǎng Jù

不育，不再羞耻

(1) 不育的人数为什么越来越多?
Búyù de rénshù wèi shénme yuè lái yuè duō?

(2) 在中国的传统中，怎么看待不育?
Zài Zhōngguó de chuántǒng zhōng, zěnme kàndài búyù?

(3) 现在人们对不育的态度有了什么变化? 为什么会有这种变化?
Xiànzài rénmen duì búyù de tàidu yǒule shénme biànhuà?
Wèi shénme huì yǒu zhè zhǒng biànhuà?

(4) 治疗不育的诊所为什么越来越多?
Zhìliáo búyù de zhěnsuǒ wèi shénme yuè lái yuè duō?

中国人喜欢跳舞

我来写两句 _____

_____

_____

_____

_____

time: 6 mins
words: 587

Yuè Lái Yuè Duō de Zhōngguórén
越来越多的中国人

Lǐngyǎng Háizi
领养孩子
→ to adopt (a child)

[Měiguó] Sàlā Shāfó
[美国] 萨拉·沙佛

Duàn Cōngcōng yì
段 聪聪 译

Yuèdú Tíshì:
阅读提示:

以前,中国人很少会去领养孩子,这是什么原因呢?而现在,越来越多的中国人开始领养孩子,发生这样的变化又是什么原因呢?一起看看下面的文章吧。

Yǐqián, Zhōngguórén hěn shǎo huì qù lǐngyǎng háizi, zhè shì shénme yuányīn ne? Ér xiànzài, yuè lái yuè duō de Zhōngguórén kāishǐ lǐngyǎng háizi, fāshēng zhèyàng de biànhuà yòu shì shénme yuányīn ne? Yìqǐ kànkan xiàmian de wénzhāng ba.

雷女士和丈夫一直想要个小孩，但没成功。于是雷女士想到了领养，可是丈夫不太同意，认为那样很丢脸。在雷女士全家人的劝说

5 下，丈夫终于被说动了。他们领养的女儿是一个孤儿，领养时一岁半。

一直以来，主要是西方人领养中国的孩子。中国的领养传统是

10 领养亲戚的孩子，这主要是因为领养费用太高，而且以前无法生育、领养别人的孩子在中国是件丢脸的事。但从20世纪90年代起，事情逐渐发生了变化，领养孩子的中国人

15 越来越多了，而且领养的大多是女孩。据统计，1996年中国领养孩子的家庭有1.48万个，到2003年增长了3倍。

发生这种变化的原因有很多，

20 其中很重要的一个是因为中国政

丢脸 diū liǎn
to lose face, to be disgraced

劝说 quànshuō
to persuade

孤儿 gū'ér
orphan

无法 wúfǎ
unable

生育 shēngyù
to give birth to

大多 dàduō
for the most part, mostly

据 jù
according to

统计 tǒngjì
statistics

中国人喜欢跳舞

Léi nǚshǐ hé zhàngfu yìzhí xiǎng yào ge xiǎohái, dàn méi chénggōng. Yúshì Léi nǚshì xiǎngdàole lǐngyǎng, kěshì zhàngfu bú tài tóngyì, rènwéi nàyàng hěn diūliǎn. Zài Léi nǚshì quán jiā rén de quànshuō xia, zhàngfu zhōngyú bèi shuōdòng le. Tāmen lǐngyǎng de nǚ'ér shì yí ge gū'ér, lǐngyǎng shí yí suì bàn.

Yìzhí yǐlái, zhǔyào shì Xīfāngrén lǐngyǎng Zhōngguó de háizi. Zhōngguó de lǐngyǎng chuántǒng shì lǐngyǎng qīnqi de háizi, zhè zhǔyào shì yīnwèi lǐngyǎng fèiyòng tài gāo, érqiě yǐqián wúfǎ shēngyù、 lǐngyǎng biéren de háizi zài Zhōngguó shì jiàn diūliǎn de shì. Dàn cóng èrshí shìjì jiǔshí niándài qǐ, shìqing zhújiàn fāshēngle biànhuà, lǐngyǎng háizi de Zhōngguórén yuè lái yuè duō le, érqiě lǐngyǎng de dàduō shì nǚhái. Jù tǒngjì, yī jiǔ jiǔ liù nián Zhōngguó lǐngyǎng háizi de jiātíng yǒu yī diǎn sì bā wàn ge, dào èr líng líng sān nián zēngzhǎngle sān bèi.

Fāshēng zhè zhǒng biànhuà de yuányīn yǒu hěn duō, qízhōng hěn zhòngyào de yí ge shì yīnwèi

越来越多的中国人领养孩子

101

府修改了法律，承认领养的孩子不算超生，对那些想有多个子女的夫妇来说，领养孤儿不违反计划生育政策。政府还成立了负责改革孤儿
25 院的组织，号召全社会关注孤儿的生活——他们不应生活在孤儿院，而应回到家庭。在北京、上海等城市，有上万名孤儿被安置在寄养家庭，很多家庭后来正式领养了他
30 们。

　　同时，随着中国经济的不断发展，中国社会形成了热心关注公益事业的中产阶层。越来越多的人愿意帮助陌生人，越来越多的中国家
35 庭开始照顾孤儿，而且他们的经济条件也允许他们领养孩子。

　　不过，雷女士和丈夫还没有决定，要不要告诉和什么时候告诉女儿，她是被领养的。目前，人们

中国人喜欢跳舞

超生 chāoshēng
to exceed the stipulated limit of birth

夫妇 fūfù
husband and wife

计划生育 jìhuà shēngyù
family planning, birth control

孤儿院 gū'éryuàn
orphanage

关注 guānzhù
to pay close attention to

安置 ānzhì
to allocate accommodation for sb., to arrange for

寄养 jìyǎng
to consign a child to sb.'s care

随着 suízhe
along with

公益事业 gōngyì shìyè
public welfare undertaking

中产阶层 zhōngchǎn jiēcéng
middle-class

陌生人 mòshēng rén
stranger

Zhōngguó zhèngfǔ xiūgǎile fǎlǜ, chéngrèn lǐngyǎng de háizi bú suàn chāoshēng, duì nàxiē xiǎng yǒu duō ge zǐnǚ de fūfù lái shuō, lǐngyǎng gū'ér bù wéifǎn jìhuà shēngyù zhèngcè. Zhèngfǔ hái chénglìle fùzé gǎigé gū'éryuàn de zǔzhī, hàozhào quán shèhuì guānzhù gū'ér de shēnghuó——tāmen bù yīng shēnghuó zài gū'éryuàn, ér yīng huídào jiātíng. Zài Běijīng、 Shànghǎi děng chéngshì, yǒu shàng wàn míng gū'ér bèi ānzhì zài jìyǎng jiātíng, hěn duō jiātíng hòulái zhèngshì lǐngyǎngle tāmen.

Tóngshí, suízhe Zhōngguó jīngjì de búduàn fāzhǎn, Zhōngguó shèhuì xíngchéngle rèxīn guānzhù gōngyì shìyè de zhōngchǎn jiēcéng. Yuè lái yuè duō de rén yuànyì bāngzhù mòshēng rén, yuè lái yuè duō de Zhōngguó jiātíng kāishǐ zhàogù gū'ér, érqiě tāmen de jīngjì tiáojiàn yě yǔnxǔ tāmen lǐngyǎng háizi.

Búguò, Léi nǚshì hé zhàngfu hái méiyou juédìng, yào bu yào gàosu hé shénme shíhou gàosu nǚ'ér, tā shì bèi lǐngyǎng de. Mùqián, rénmen duì shuōchū

越来越多的中国人领养孩子

40 对说出领养的真相仍然犹豫不决，但是这种态度也正在改变。社会越来越开放，认为必须是亲生子女才能作为后代的旧思想已经越来越少了。

真相 zhēnxiàng
truth

犹豫不决
yóuyù bù jué
to be hesitant

亲生 qīnshēng
biological, of one's own
(child or parents, etc)

子女 zǐnǚ
sons and daughters

后代 hòudài
later generation

中国人喜欢跳舞

我来写两句

lǐngyǎng de zhēnxiàng réngrán yóuyù bù jué, dànshì zhè zhǒng tàidu yě zhèngzài gǎibiàn. Shèhuì yuè lái yuè kāifàng, rènwéi bìxū shì qīnshēng zǐnǔ cái néng zuòwéi hòudài de jiù sīxiǎng yǐjīng yuè lái yuè shǎo le.

越来越多的中国人领养孩子

Wǒ Lái Xiě Liǎng Jù

(1) 雷女士的丈夫开始为什么不太愿意领养孩子?
Léi nǚshì de zhàngfu kāishǐ wèi shénme bú tài yuànyì lǐngyǎng háizi?

(2) 中国人喜欢领养男孩还是女孩?
Zhōngguórén xǐhuan lǐngyǎng nánhái háishi nǚhái?

(3) 为什么越来越多的中国人开始领养孩子?
Wèi shénme yuè lái yuè duō de Zhōngguórén kāishǐ lǐngyǎng háizi?

(4) 在中国,有孩子的夫妇还能不能领养孩子?
Zài Zhōngguó, yǒu háizi de fūfù hái néng bu néng lǐngyǎng háizi?

中国人喜欢跳舞

我来写两句

106

1. 圣诞节在中国流行

圣诞节	Shèngdàn Jié	크리스마스	クリスマス
流行	liúxíng	유행하다	流行する
赠送	zèngsòng	증정하다	贈る
卡片	kǎpiàn	카드	カード
舞会	wǔhuì	댄스 파티	ダンスパーティー
圣诞树	shèngdànshù	크리스마스 트리	クリスマスツリー
圣诞老人	Shèngdàn Lǎorén	산타클로스	サンタクロース
基督教徒	Jīdū jiàotú	기독교 신자	キリスト教徒
宗教	zōngjiào	종교	宗教
混合体	hùnhétǐ	혼합체	混合体
教堂	jiàotáng	교회	教会
壁炉	bìlú	벽난로	ペチカ
长袜	cháng wà	긴 양말	長い靴下
家人	jiārén	가족	家族
团圆	tuányuán	단란하게 지내다	団らんする
聚	jù	모이다	集まる
大餐	dàcān	풍성한 요리	ご馳走
情人节	Qíngrén Jié	밸런타인 데이	バレンタインデー
感恩节	Gǎn'ēn Jié	추수 감사절	感謝祭
等等	děngděng	등등	などなど
聚会	jùhuì	모임	集まり
中秋节	Zhōngqiū Jié	추석	中秋節

月饼	yuèbing	월병	月餅
甚至	shènzhì	심지어	～さえ
元宵节	Yuánxiāo Jié	정월 대보름	上元
随着	suízhe	…에 따라	～するに従って
全球化	quánqiúhuà	그로벌화, 세계화	グローバル化
遗忘	yíwàng	잊다, 잊어버리다	忘れる
焕发	huànfā	(빛이) 사방에 비치다	焕発する
光彩	guāngcǎi	광채	彩り

2. 洋快餐在中国

洋	yáng	외국의	外国の
快餐	kuàicān	패스트푸드	ファーストフード
麦当劳	Màidāngláo	맥도날드	マクドナルド
肯德基	Kěndéjī	KFC	ケンタッキー
快餐店	kuàicāndiàn	패스트푸드점	ファーストフード店
开业	kāi yè	개업하다	開業する
夫妇	fūfù	부부	夫婦
拥挤	yōngjǐ	붐비다	混雑している
分店	fēndiàn	지점	支店
拥有	yōngyǒu	소유하다	持つ
品牌	pǐnpái	브랜드	ブランド
例外	lìwài	예외	例外
统计	tǒngjì	통계	統計
数据	shùjù	데이터	データ
成年人	chéngniánrén	성인	成人
者	zhě	자, 사람	者
体面	tǐmiàn	아름답다	見た目が立派である
感受	gǎnshòu	느끼다	感じる
气氛	qìfēn	분위기	雰囲気

中国人喜欢跳舞

108

营销	yíngxiāo	마케팅	マーケッティング
鲜艳	xiānyàn	선명하고 아름답다	鮮やか
卡通	kǎtōng	만화	アニメ
偶像	ǒuxiàng	아이돌스타	アイドル
明星	míngxīng	스타	スター
资金	zījǐn	자금	資金
口味	kǒuwèi	(음식의)맛	(食べ物の）味
随着	suízhe	…에 따라	〜に従って
肥胖	féipàng	비만	肥満
超重	chāo zhòng	중량을 초과하다	重量オーバー
造成	zàochéng	초래하다	引き起こす
疾病	jíbìng	질병	病気
周末	zhōumò	주말	週末
忽视	hūshì	소홀히 하다	無視する
炸薯条	zháshǔtiáo	감자 튀김	フライドポテト

3. 中国人喜欢跳舞

交谊舞	jiāoyìwǔ	사교 댄스	社交ダンス
减肥	jiǎn féi	다이어트하다	ダイエットする
浪漫	làngmàn	낭만적이다	ロマンチックである
组成	zǔchéng	구성하다	つくる
搭档	dādàng	파트너	パートナー
笨拙	bènzhuō	서툴다	不器用だ
和	hè	(가락에) 맞추다	調子を合わせる
摔跤	shuāi jiāo	씨름하다	レスリング
夏季	xiàjì	여름	夏
同伴	tóngbàn	동반자	仲間
消除	xiāochú	없애다	なくす
寂寞	jìmò	외로움	寂しさ

人满为患	rén mǎn wéihuàn	사람이 너무 많아 탈이다	人が多い
为止	wéizhǐ	…까지	～まで
男性	nánxìng	남성	男性
女性	nǚxìng	여성	女性
观念	guānniàn	관념	概念
舞伴	wǔbàn	댄스 파트너	ダンスパートナー
未婚	wèihūn	미혼	未婚
民间	mínjiān	민간	民間
舞蹈	wǔdǎo	춤	ダンス
秧歌	yāngge	양거(중국 전통 춤)	田植え踊り、ヤンコ踊り
扭	niǔ	몸을 좌우로 흔들다	体を左右に振る
绝大多数	jué dàduōshù	대부분	大多数
浓妆	nóngzhuāng	짙은 화장	厚化粧
列队	liè duì	줄지어 서다	列を作る
羞于	xiūyú	부끄럽게 생각하다	～するのが恥ずかしい
穿着	chuānzhuó	옷차림	身なり
在意	zàiyì	마음에 두다	気にする
整体	zhěngtǐ	동일체	同一体
穿红着绿	chuān hóng zhuó lǜ	화려하게 치장하다	装いが派手である

中国人喜欢跳舞

4. 中国人的休闲生活

休闲	xiūxián	여가	余暇
汉诺威日报	Hànnuòwēi Rìbào	하노버 일보	ハノーバー日刊新聞
十一	Shí-Yī	중화인민공화국의 건국 기념일	中華人民共和国の建国記念日
圈	quān	일주	一周
假期	jiàqī	휴일	休暇

110

黄金周	huángjīnzhōu	황금 연휴	ゴールデンウィーク
元旦	Yuándàn	신정, 양력설	元日
清明节	Qīngmíng Jié	청명	清明
五一	Wǔ-Yī	근로자의 날	メーデー
端午节	Duānwǔ Jié	단오	端午
中秋节	Zhōngqiū Jié	한가위, 추석	中秋
是否	shìfǒu	…인지 아닌지	～であるかどうか
据	jù	…에 따르면	～によると
旅游	lǚyóu	여행하다	旅行
剧院	jùyuàn	극장	劇場
健身中心	jiànshēn zhōngxīn	피트니스 센터	フィットネスクラブ
家人	jiārén	가족	家族
家务	jiāwù	집안일	家事
放松	fàngsōng	릴랙스	リラックス
富裕	fùyù	부유하다	豊かだ
追求	zhuīqiú	추구하다	求める
高速公路	gāosù gōnglù	고속도로	高速道路
满载	mǎnzài	만재하다	満載する
马来西亚	Mǎláixīyà	말레이시아	マレーシア
泰国	Tàiguó	태국	タイ
韩国	Hánguó	한국	韓国
旅行社	lǚxíngshè	여행사	旅行会社
欧洲	Ōuzhōu	유럽	ヨーロッパ
游客	yóukè	관광객	観光客
德国	Déguó	독일	ドイツ
居	jū	(어떤 지위나 상태에)처하다	(ある状態に)置かれている
红火	hónghuo	번창하다	盛んだ

生词韩文、日文注释

111

发牢骚	fā láosao	불평하다	グチグチ言う
平价	píngjià	일반 가격	普通の価格
发愁	fā chóu	걱정하다	心配する
星级	xīngjí	등급	ランク
流行	liúxíng	유행하다	流行る
信用卡	xìnyòngkǎ	신용 카드	クレジットカード
卫生间	wèishēngjiān	화장실	トイレ

5. 汽车影院火北京

汽车影院	qìchē yǐngyuàn	자동차 극장	自動車映画館
火	huǒ	유행하다	流行る
美联社	Měi Lián Shè	AP통신사	AP通信
流行	liúxíng	유행하다	流行る
车位	chēwèi	주차 자리	駐車場
零食	língshí	간식	おやつ
随着	suízhe	…에 따라	〜するに従って
阶层	jiēcéng	계층	階級
影片	yǐngpiàn	영화	映画
放松	fàngsōng	릴랙스	リラックス
甚至	shènzhì	심지어	〜さえ
非典	Fēi Diǎn	사스	サーズ
暂停	zàntíng	일시 정지하다	臨時に停止する
红火	hónghuo	번창하다	盛んだ
唯一	wéiyī	유일한	唯一
娱乐	yúlè	오락	娯楽
场所	chǎngsuǒ	장소	場所
居民	jūmín	주민	住民
人均	rénjūn	1인당 평균	一人当たり
中产阶级	zhōngchǎn jiējí	중산층	中産階級

中国人喜欢跳舞

私家车	sī jiā chē	자가용	自家用車
容纳	róngnà	수용하다	受け入れる
门票	ménpiào	입장권	入場チケット
饮料	yǐnliào	음료	飲み物
乐趣	lèqù	재미	楽しみ、喜び

6. "哭吧" 在中国受欢迎

哭吧	kūbā	눈물 방	泣くための店
压力	yālì	프레셔, 압력	プレッシャー
南京	Nánjīng	(지명)난징	地名
风油精	fēngyóujīng	약명	薬名
催泪	cuī lèi	최루	催涙
发泄	fāxiè	발산하다	発散する
挫折	cuòzhé	좌절하다	挫折
咨询	zīxún	자문하다	諮問する
情感	qínggǎn	감정, 마음, 기분	情感、感情、気持ち
热线	rèxiàn	핫라인	ホットライン
随着	suízhe	…에 따라	〜するに従って
酒吧	jiǔbā	바	バー
网吧	wǎngbā	PC 방	ネットカフェ
流行	liúxíng	유행하다	流行る
无法	wúfǎ	…할 수 없다	〜する方法がない
随意	suíyì	마음대로	気の向くままに
女性	nǚxìng	여성	女性
失恋	shī liàn	실연	失恋する
倾诉	qīngsù	(속마음을) 털어놓다	心のうちをすっかり打ち明ける
心理	xīnlǐ	심리	心理
平衡	pínghéng	평형, 안정	バランス

男性	nánxìng	남성	男性
男儿有泪 不轻弹	nán'ér yǒu lèi bù qīng tán	사나이는 눈물을 보이지 않는다	(ことわざ) 男は軽々し く泣いてはいけない
价目表	jiàmù biǎo	가격표	価格表
宣泄	xuānxiè	울다	泣く
分店	fēndiàn	지점	支店
心理学	xīnlǐxué	심리학	心理学
调节	tiáojié	조절하다	調節する
同事	tóngshì	동료	同僚
家人	jiārén	가족	家族
哭泣	kūqì	흐느끼다	しくしく泣く
普及	pǔjí	보급되다	普及する

7. 心理咨询在中国热起来

心理	xīnlǐ	심리	心理
咨询	zīxún	자문하다	諮問する
诊所	zhěnsuǒ	진료소	診療所
心理学	xīnlǐxué	심리학	心理学
快速	kuàisù	쾌속의,속도가 빠른	快速の、高速の
竞争	jìngzhēng	경쟁	競争
压力	yālì	프레셔,압력	プレッシャー
中国心理学会	Zhōngguó Xīnlǐ Xuéhuì	중국심리학회	中国心理学会
挫折	cuòzhé	좌절하다	挫折する
抑郁	yìyù	우울하다	憂鬱である
率	lǜ	비율	率
上升	shàngshēng	상승하다,증가하다	上がる、増える
自杀	zìshā	자살하다	自殺する
行业	hángyè	직업	職業

高校	gāoxiào	대학(교)	大学
开设	kāishè	개설하다	開設する
研究生	yánjiūshēng	대학원생	大学院生
师	shī	…사, 선생	～師
陌生人	mòshēng rén	낯선 사람	知らない人
就算	jiùsuàn	설령…하더라도	たとえ
支付	zhīfù	지불하다	支払う
寻求	xúnqiú	찾다, 구하다	探し求める
承担	chéngdān	부담하다, 맡다	引き受ける
威胁	wēixié	위협하다	脅かす
首要	shǒuyào	가장 중요한	最も重要な
难题	nántí	난제, 어려운 문제	難題
颁布	bānbù	공포하다, 반포하다	発布する、公布する
资格	zīgé	자격	資格
培训	péixùn	양성하다	養成する
硕士	shuòshì	석사	修士
导师	dǎoshī	지도 교수	指導教官
面临	miànlín	직면하다	直面する
创建	chuàngjiàn	만들다	創立する
治疗	zhìliáo	치료하다	治療する
背景	bèijǐng	배경	背景

8. 中国谈不上西化

西化	xīhuà	서양화	欧米化
改革开放	gǎigé kāifàng	개혁개방	改革開放
事例	shìlì	사례	事例
服装	fúzhuāng	복장	服装
名牌	míngpái	유명 브랜드	有名ブランド
牌子	páizi	상표, 브랜드	ブランド

生词韩文、日文注释

115

流行	liúxíng	유행하다	流行する
歌星	gēxīng	스타 가수	スター歌手
大片儿	dàpiānr	블러버스터,대작 영화	超大作映画
饮食	yǐnshí	음식	飲食
快餐	kuàicān	패스트푸드	ファーストフード
麦当劳	Màidāngláo	맥도날드	マクドナルド
肯德基	Kěndéjī	KFC	ケンタッキー
落伍	luò wǔ	뒤떨어지다	落伍する
实际上	shíjìshang	실제로	実際
家人	jiārén	가족	家族
同居	tóngjū	동거	同居する
价值观	jiàzhíguān	가치관	価値観

9. 瑞士人重新认识中国

瑞士	Ruìshì	스위스	スイス
流行	liúxíng	유행하다	流行する
警卫	jǐngwèi	경비	ガードマン
幼儿园	yòu'éryuán	유치원	幼稚園
中医	zhōngyī	중국 의학	中国医学
名片	míngpiàn	명함	名刺
中国中央电视台	Zhōngguó Zhōngyāng Diànshìtái	중국중앙텔 레비죤 방송국	中国中央テレビ局
汉学	hànxué	한학	漢学
网站	wǎngzhàn	웹 사이트	ウェブサイト
网页	wǎngyè	웹 페이지	ウェブページ
美妙	měimiào	멋지다, 아름답다	すばらしい、麗しい
遥远	yáoyuǎn	아득히 멀다	はるかに遠い
神秘	shénmì	신비하다	神秘的だ

10. 中国的变化让瑞士大妈吃惊

瑞士	Ruìshì	스위스	スイス
大妈	dàmā	아주머니	おばさん
纪念品	jìniànpǐn	기념품	記念品
旅游	lǚyóu	여행하다	観光旅行
改革开放	gǎigé kāifàng	개혁개방	改革開放
头疼	tóuténg	애를 먹다	困る
法郎	fǎláng	프랑	フラン
兑换券	duìhuànquàn	태환권	兌換券
街头	jiētóu	가두, 길거리	街頭、路頭
只能	zhǐ néng	…할 수밖에 없다	～するしかない
友谊商店	Yǒuyì Shāngdiàn	우의백화점	友誼デパート
好在	hǎozài	다행히	幸い
小吃	xiǎochī	스낵	スナック
列车员	lièchēyuán	열차원	列車の乗務員
竟然	jìngrán	놀랍게도	なんと
申请	shēnqǐng	신청하다	申請する
出车	chū chē	발차하다	車を出す
感叹	gǎntàn	감탄하다	感嘆する
发达国家	fādá guójiā	선진국	先進国
相比	xiāng bǐ	비교하다	比べる

11. 国庆黄金周几万对结婚

国庆	guóqìng	건국기념일	国慶節
黄金周	huángjīnzhōu	황금주	ゴールデンウィーク
法	fǎ	법률	法律
完善	wánshàn	완전하다, 완벽하다	完全である
相比	xiāng bǐ	비교하다	比べる
新人	xīnrén	신랑신부	新郎新婦

生词韩文、日文注释

117

总共	zǒnggòng	모두	全部で
婚姻登记处	Hūnyīn Dēngjìchù	혼인등기소	婚姻登録所
颁布	bānbù	반포하다, 공포하다	発布する、公布する
单身	dānshēn	독신	独身
打破	dǎpò	타파하다, 깨뜨리다	打ち破る、打破する
中国人民大学	Zhōngguó Rénmín Dàxué	중국인민대학	中国人民大学
抱怨	bàoyuan	원망하다	不満だ
表格	biǎogé	양식	表
新郎	xīnláng	신랑	新郎
调动	diàodòng	동원하다, 불러일으키다	動員する
员工	yuángōng	종업원, 직원과 노동자	職員
气氛	qìfēn	분위기	雰囲気
广州	Guǎngzhōu	(지명) 광저우	地名
网上	wǎng shang	인터넷상에서	ネット上で
预约	yùyuē	예약하다	申し込みをする
工作日	gōngzuòrì	근무시간	勤務時間
上网	shàng wǎng	인터넷에 접속하다	インターネットに接続する
申请	shēnqǐng	신청하다	申し込む
凭	píng	근거	根拠
约定	yuēdìng	약정, 약속	約束する
办理	bànlǐ	처리하다	取り扱う
等候	děnghòu	기다리다	待つ
周末	zhōumò	주말	週末
随着	suízhe	…에 따라	～するに従って

中国人喜欢跳舞

12. 不育，不再羞耻

不育	búyù	불임	不妊
羞耻	xiūchǐ	수치, 부끄러움	恥
夫妇	fūfù	부부	夫婦
压力	yālì	프레셔, 압력	プレッシャー
不停	bùtíng	끊임없이	ひっきりなし
体外受精	tǐwài shòujīng	체외수정	体外受精
生育	shēngyù	출산하다	出産
支付	zhīfù	지불하다	支払う
治疗	zhìliáo	치료하다	治療する
随着	suízhe	…에 따라	～するに従って
快速	kuàisù	급속, 속도가 빠르다	快速の、高速の
节奏	jiézòu	템포, 리듬	テンポ、リズム
加剧	jiājù	심해지다, 격화하다	激化する
导致	dǎozhì	가져오다, 초래하다	招く、引き起こす
据	jù	…에 따르면	～によると
统计	tǒngjì	통계하다	統計を取る
家丑	jiāchǒu	집안 망신	家庭内のもめ事
北京大学第三医院	Běijīng Dàxué Dì Sān Yīyuàn	북경대학제삼병원	北京大学第三病院
医疗	yīliáo	의료	医療
昂贵	ángguì	아주 비싸다	高価だ
广州	Guǎngzhōu	(지명) 광저우	地名
开办	kāibàn	세우다, 설립하다	創設する
随后	suíhòu	뒤이어	それに続いて
看中	kàn zhòng	마음에 들다	気に入る
赢利	yínglì	이익, 이윤	利潤
潜力	qiánlì	잠재력	潜在力

生词韩文、日文注释

13. 越来越多的中国人领养孩子

领养	lǐngyǎng	입양하다	もらい子をする
丢脸	diū liǎn	체면을 잃다,	面目を失う、
		체면을 구기다	恥さらしになる
劝说	quànshuō	설득하다	説得する
孤儿	gū'ér	고아	孤児
无法	wúfǎ	…할 방법이 없다	〜する方法がない
生育	shēngyù	출산하다	出産
大多	dàduō	대다수	大多数
据	jù	…에 따르면	〜によると
统计	tǒngjì	통계	統計
超生	chāoshēng	초과출산	家族計画を破ること
夫妇	fūfù	부부	夫婦
计划生育	jìhuà shēngyù	계획출산	家族計画
孤儿院	gū'éryuàn	고아원	孤児院
关注	guānzhù	관심을 가지다	関心を持つ
安置	ānzhì	배치하다	配置する
寄养	jìyǎng	맡겨서 기르다,	里子に出す
		맡겨서 부양하다	
随着	suízhe	…에 따라	〜するに従って
公益事业	gōngyì shìyè	공익사업	公益事業
中产阶层	zhōngchǎn jiēcéng	중산계층	中産階級
陌生人	mòshēng rén	낯선사람	見知らぬ人
真相	zhēnxiàng	진상	真相
犹豫不决	yóuyù bù jué	망설이다, 주저하다	躊躇する、ためらう
亲生	qīnshēng	친,자신을 낳은	自分で産んだ
子女	zǐnǔ	자식,자녀	子供
后代	hòudài	후대,후세	子孫

Shēngcí Suǒyǐn
生词索引

中国人喜欢跳舞

生词索引

123

中国人喜欢跳舞

生词索引

125

中国人喜欢跳舞

中国人喜欢跳舞

版权声明

　　本书在编辑过程中，由于无法与部分作品的权利人取得联系，为了尊重作者的著作权，特委托北京版权代理有限责任公司向权利人转付稿酬。请您与北京版权代理有限责任公司联系并领取稿酬。联系方式如下：

吴文波

北京版权代理有限责任公司

北京海淀区知春路23号量子银座1403室

邮编：100191

电话：86 (10) 82357058

传真：86 (10) 82357055

图书在版编目（CIP）数据

中国人喜欢跳舞/王瑞烽编.—北京：北京语言大学出
版社，2009.12
　（实用汉语分级阅读丛书.乙级读本之中国事/崔永华
主编）
　ISBN 978-7-5619-2522-5

　Ⅰ．中… Ⅱ．王… Ⅲ．汉语—对外汉语教学—语言读物
Ⅳ．H195.5

中国版本图书馆CIP数据核字（2009）第209740号

书　　　名：中国人喜欢跳舞
中文编辑：王　轩　　　　　　　　　英文编辑：侯晓娟
日文翻译：[日]野田宽达　　　　　　日文、韩文编辑：崔　虎
责任印制：汪学发　　　　　　　　　封面制作：张　娜

出版发行　**北京语言大学出版社**
社　　址：北京市海淀区学院路15号　　　邮政编码：100083
网　　址：www.blcup.com
电　　话：发行部 82303650/3591/3651
　　　　　编辑部 82303647
　　　　　读者服务部 82303653/3908
　　　　　网上订购电话 82303668
　　　　　客户服务信箱 service@blcup.net
印　　刷：北京画中画印刷有限公司
经　　销：全国新华书店

版　　次：2009年12月第1版　　2009年12月第1次印刷
开　　本：710毫米×1000毫米　　　1/16　　　印张：8.75
字　　数：92千字
书　　号：ISBN 978-7-5619-2522-5/H·09245
定　　价：25.00元

凡有印装质量问题，本社负责调换。电话：82303590